아프리카 여행의 시작 케이프타운

아프리카 여행의 시작
케이프타운

초판 1쇄 발행 **2017년 7월 17일**

지은이 **이경한**

펴낸이 **김선기**
펴낸곳 **(주)푸른길**
출판등록 **1996년 4월 12일 제16−1292호**
주소 **(08377) 서울시 구로구 디지털로 33길 48 대륭포스트타워 7차 1008호**
전화 **02−523−2907, 6942−9570∼2**
팩스 **02−523−2951**
이메일 **purungilbook@naver.com**
홈페이지 **www.purungil.co.kr**

ISBN **978−89−6291−418−4 03930**

• 이 도서의 국립중앙도서관 출판예정도서목록(CIP)은 서지정보유통지원시스템 홈페이지
(http://seoji.nl.go.kr)와 국가자료공동목록시스템(http://www.nl.go.kr/kolisnet)에서 이
용하실 수 있습니다.(CIP제어번호: CIP2017015172)

Beginning A Trip for Africa in Cape Town

아프리카 여행의 시작
케이프타운

이경한 지음

푸른길

나의 누이들에게

| 책머리에

세상의 끝이자 인류의 시작,
아프리카로 간다.
아프리카는 스스로 시가 되어
여행자를 호출한다.
나의 오감이
낯선 곳 아프리카에 반응한다.
아프리카 대륙의 남단,
케이프타운에서 여행을 시작한다.

어깨하며 동행한 아내 고은진에게 감사한다.
그리고 푸른길 편집부에 감사드린다.

2017년 6월 전주에서

이경한

C O N T E N T S

Chapter 7

안전하지 않은 곳에서 행복을 찾는 도시, 케이프타운

아프리카 대륙의 남아프리카공화국(이하 남아공)으로 간다. 남아공에 대해서 관심을 가지게 된 것은 '21세기 국제이해 교육을 위한 홀리스틱 페다고지 개발'이라는 주제로 연구를 수행하면서부터이다. 그리고 2016년 6월, 남아공의 평화학자이자 콰줄루나탈 대학교 교수인 번존(Vaughn John) 등 여러 학자들과 면담을 할 수 있는 기회를 얻었다. 남아공에 가면서 케이프타운 일대를 여행하고자 관련 문헌과 자료를 준비했다. 하지만 생각보다 관련 자료가 넉넉하지 않았다. 여행을 준비하면서 다음 여행자를 위하여 부족하지만 기록을 남겨야겠다는 생각을 했다.

남아공은 아프리카 대륙의 남단에 위치하고 있다. 웨스턴케이프, 이스턴케이프, 노던케이프, 림포푸, 노스웨스트, 음푸말랑가, 콰줄루나탈, 프리스테이트, 하우텡 등 9개 주로 구성되어 있다. 행정 수도는 프리토리아, 입법 수도는 케이프타운, 사법 수도는 블룸폰테인이다.

남아공을 방문하기 위하여 인천공항을 떠나 두바이에서 비행기를 갈아탄 후 요하네스버그 국제공항에 내렸다. 그리고 국내선 비행기로 갈아타고 케이프타운 공항에 도착하였다. 케이프타운 공항에서부터는 렌터카를 이용하여 케이프타운, 케이프반도, 와인루트, 가든루트, 포트엘리자베스까지 여행하였다. 이 지역들은 아프리카의 유럽이라는 슬픈 닉네임을 가진 케이프타운과, 유럽인들이 개발한 작은 도시들, 그리고 목가적인 플랜테이션 농장이 중심을 이루고 있는 곳이다. 그래서 아프리카답지 않은 유럽풍의 경관을 지니고 있다. 포트엘리자베스부터는 비행기를 이용하여 요하네스버그로 이동해서 요하네스버그 박물관 등의 시내를 둘러보는 것으로 여행을 마무리지었다.

*　*　*

'남아공' 하면 만델라 대통령, 투투 대주교, 줄루족과 샤카왕, 아파르트헤이트, 금과 다이아몬드, 보어전쟁, 영국 식민지, 부시맨, 희망봉, 월드컵 개최지, 사막, 초원, 지중해성 기후, 사자 등이 자연스럽게 떠오른다.

이 단어들로 본 남아공은 가슴 아픈 사연이 있는 나라이다. 금, 은과 다이아몬드 등 지하자원이 많았기에 유럽 강대국으로부터 약탈의 대상이 된 나라이다. 그 약탈은 제국주의가 판을 치던 때부터 현재까지 이루어지고 있다. 또한 아프리카의 대부분의 국가들은 열대 기후인 반면 남아공은 연중 기온 16~20℃ 정도인 온대 기후에 속한다. 체체파리로부터 자유로운 지중해성 기후와 건조 기후를 가졌기에 백인들이 이 땅을 탐냈다. 그 탐욕의 시작은 네덜란드 동인도회사와 영국의 식민지 시절부터이다. 바로 남아공이 인도로 향신료를 찾아 떠나는 유럽 상인들이 지나는 길목이었기 때문이다. 식민지 지배자의 탐욕은 아파르트 헤이트로 그 끝을 보여 주었다.

남아공은 인종차별이 여전히 계속되는 나라이다. 차별은 법과 권력을 통하여 강압적이며 강제적으로 자행되던 방식에서 이제는 문화와 생활 등의 측면에서 보이지 않는 방식으로 이루어지고 있다. 소수의 백인이 정치를 제외한 경제, 문화, 사회 등 모든 분야를 지배하고 있으며, 여전히 흑인들은 고단한 삶을 살고 있다. 가난의 상징인 타운십은 높은 문맹률, 낮은 사회기반시설, 높은 실업률을 보이고 있다. 흑인들은 일자리를 원하고 있고, 백인들은 일자리를 장악하고 있다. 그리고 흑인들 사이에서는 또 다른 문제가 생겨나고 있다. 르몽드 디플로마티크(2010)에 따르면, 남아프리카공화국에는 아프리카 출신의 불법체류자가 약 700만 명이고, 특히 불법체류자 중 300만 명 정도가 짐바브웨 출신이다. 남아프리카공화국의 실업률이 40%에 육박하면서 외국인 혐오증이 심해지고 있다.

그럼에도 남아공은 다양성을 가진 나라다. 인종, 언어, 생물 종, 문화, 종교의 다양성을 가졌다. 다름 속의 같음을, 그리고 같음 속의 다름을 인정하며 살아가고자 하는 무지개의 나라이다. 백인이 남아공의 부족과 언어를 갈라놓기 전에는 서로 존중하고 의존하는 우분투(Ubuntu)의 정신으로 살아왔다. 1994년 이후 만델라 대통령은 남아공에 '진실과 화해위원회'를 만들어 아파르트헤이트 정책의 가해자가 벌인 만행의 진실은 밝히되 그들을 용서함으로써 세계를 놀라게 했다.

남아공은 인간과 인간의 조화를 넘어 자연과 인간의 조화 또한 지향하며 살고 있다. 백인들이 잘못 가르쳐 준 동물의 가죽과 코끼리의 상아 매매, 장식을 위한 동물 박제, 놀이와 쾌감을 위한 야생동물의 사파리 등을 행하면서 자연과 인간의 조화를 오랫동안 파괴시켰다. 이제 남아공은 다시 그 관계를 복원하고자 노력하고 있으며, 지속가능한 삶을 실천하고 있다.

또한 남아공은 경제적인 성장 동력을 가진 나라이다. 국내총생산이 아프리카 전체의 4분의 1을 차지하며, 요하네스버그 증권시장에 상장된 기업 중 92%가 아프리카 대륙 곳곳에서 활동하고 있다. 브라질, 러시아, 인도, 중국과 함께 브릭스(BRICS) 국가로 일컬어지고 있다. 세계 신흥 경제개발 국가로서 아프리카의 르네상스를 주도하고 있다. 빈부의 차이라는 역기능을 가지고 있을지라도 남아공의 경제 규모는 날로 성장하고 있다.

* * *

남아공 여행의 관문은 케이프타운이다. 또한 케이프타운은 아프리카 여행의 십자로이다. 북쪽으로는 요하네스버그를 넘어 탄자니아, 빅토리아 호수 등지로, 동쪽으로는 이스턴케이프를 지나 포트엘리자베스, 더반, 크로거 국립공원 등지로, 서쪽으로는 나미비아 사막, 칼라하리 사막 등지로, 그리고 남쪽으로는 아프리카 대륙의 남단인 희망봉과 케이프포인트로 갈 수 있다.

케이프타운은 다양한 경관을 보여 준다. 도시경관으로는 케이프타운 도심의 높은 빌딩, 지하철, 도로와 자동차, 타운십 등이 있고 식민경관으로는 노예의 집, 컴퍼니가든, 교회, 성곽, 와이너리 등이 있다.

자연경관으로는 대서양과 인도양, 테이블마운틴, 해변 등이 대표적이다. 케이프타운 여행을 통해 도시 문명과 함께 자연의 순수함을 볼 수 있다. 그리고 곳곳에서 아프리카의 문화도 경험할 수 있다. 아프리카의 다양한 경관의 민낯을 보고, 속삭임을 듣고, 경험할 수 있는 곳이 케이프타운인 것이다.

특히 케이프타운은 저항의 역사가 있는 곳이다. 이곳에서 아프리카인들의 힘으로 백인의 강권 정치를 물리쳤으며, 아파르트헤이트라는 현대사의 비극과 함께 용서와 화해라는 숭고한 정신을 보여 주었다.

*　*　*

아프리카로의 여행은 문화적 편견이나 고정관념을 벗는 과정이다. 우리는 아프리카를 가난, 기근, 미개, 내전, 에이즈, 전염병, 오지 등으로 동일시하는 경향이 있다. 우리나라의 몇몇 구호 단체는 연일 텔레비전을 통해 아프리카 주민에 대한 부정적인 편견을 조장한다. 아프리카에 대한 측은지심을 자극하고, 사람들은 눈물샘을 자극받아 적은 돈으로 시혜를 베푸는 입장에 서곤 한다. 그러나 이제는 그 오해와 편견으로 인한 부정적 시각을 거둘 필요가 있다. 가장 원초적인 문화에서부터 현대적인 삶까지 다양성을 가진 곳이 아프리카이기 때문이다. 아프리카 여행은 우리가 아프리카를 적극적으로 이해할 수 있도록 인도해 줄 것이다. 아프리카의 남단에 자리한 케이프타운에서 그 여행을 시작한다.

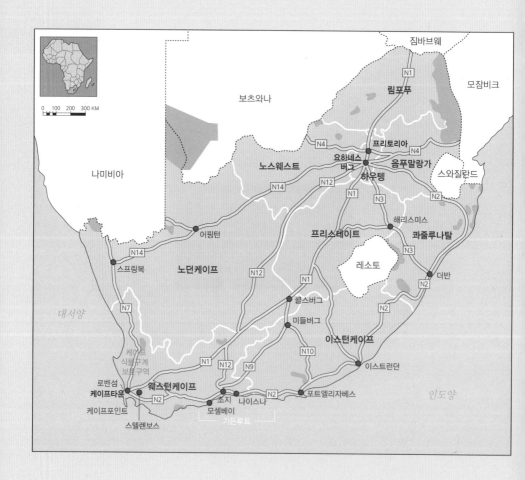

Chapter 1

케이프타운의 도심에서
식민의 유산을 만나다

아프리카 대륙 남단에 위치한 남아공. 그중에서도 케이프타운에 가기 위해서 먼저 두바이로 향하였다. 이곳에서 비행기를 갈아타고 요하네스버그로 이동한 후 다시 2시간여를 날아서 케이프타운에 도착하였다. 남아공에 대한 선입견으로 잔뜩 긴장하면서 공항을 빠져나와 미리 예약해 둔 렌터카를 타고 케이프타운 시내로 향하였다.

남아공은 영국 식민지 시절의 영향으로 자동차의 운전석이 우리나라와 반대 방향인 오른쪽에 있다. 그래서 우회전을 할 때 가장 어려움을 겪는다. 케이프타운의 초보 운전자는 주변 운전자들을 긴장되게, 때로는 답답하게 해 주었다. 케이프타운 도심의 복잡한 도로는 초보 운전으로 섭렵하기에는 무리가 있었다. 내비게이션에 전적으로 의존하며 목적지로 향했다.

케이프타운 시내의 첫인상은 아프리카에 대한 나의 편견을 거두기에 충분하였다. 넓은 초지, 가난, 야생 등의 원초적인 풍경을 예상했지만 높고 웅장한 건물, 넓은 도로, 수많은 자동차 등이 보였다. 아프리카에 고도로 발달한 도시 문명이 존재하는 것이다. 남아공의 입법 수도에 걸맞게 도시경관은 서구의 여느 도시와 다를 바가 없었다. 도심을 중심으로 고층 건물의 스카이라인이 형성되어 있어서 현대도시로서의 면모를 잘 보여 주고 있었다. 물론 아직 유럽이나 미국의 도시들처럼 상업주의가 고도로 발달한 것 같지는 않았고 다소 어수선한 느낌도 있었다. 케이프타운은 다양한 도시경관 자원을 가졌지만 관광산업에는 아직 눈을 덜 뜬 상태라고 느껴졌다.

고층 건물이 즐비한 케이프타운 도심 한편으로는 근대경관을 간직한 곳들이 있어 이를 보려고 많은 사람들이 도심으로 몰린다. 케이프타운 도심 여행은 과거 네덜란드와 영국 식민지 시대로의 초대라고 해도 과언이 아니다. 과거 식민지 지배를 위해 건설한 시설들이 도심의 주요 경관을 지배하고 있다. 케이프타운 도심에서 식민지 시대의 유산이 가득한 곳으로는 롱스트리트(Long Street), 스트랜드스트리트(Strand Street), 루프스트리트(Loop Street), 애덜리스트리트(Adderley Street), 거버먼트애비뉴(Government Avenue) 등이 있다.

롱스트리트 전통과 젊음이 조화를 이루다

롱스트리트는 케이프타운의 중심가여서 사람들이 모이고 여행객이 즐겨 찾는 곳이다. 특히 배낭여행객을 위한 숙소가 많아서 세계의 젊은이들이 이곳으로 모인다. 낮과 밤의 풍광이 다르고, 세계 곳곳의 사람들이 모여들어 문화의 다양성이 넘치는 곳이다.

롱스트리트는 300년이 넘는 역사를 지니고 있다. 네덜란드 동인도회사의 케이프타운 점령과 그 역사를 같이한다. 15세기에서 18세기 유럽에서 국내 산업의 보호를 지향하며 해외 식민지를 건설하려는 중상주의가 판을 치던 시대의 침략이 이곳에도 미친 것이다. 이후 이곳은 영국 제국주의가 정점에 이른 빅토리아 여왕의 지배를 받았다. 이 빅토리아 시대의 영향을 받은 건물과 카페들이 롱스트리트에 즐비하다. 길 양쪽의 회랑에는 2~3층의 낮은 건물들이 어깨를 맞대고 줄지어 서 있고, 도로는 건물의 회랑과 맞닿아 있다. 100여 년 전 유럽인들의 고급 쇼핑가였던 이 거리는 아직도 그 시대의 건축물들이 고스란히 남아

1-1 롱스트리트 입구

마치 유럽의 옛날 동네에 온 듯한 느낌이다. 특히 이곳에는 유서 깊은 술집들이 많은데 식민 시절부터 케이프타운의 지배자들이 모여 시간을 보내는 장소였다.

　케이프타운을 방문하는 여행객은 이곳 롱스트리트를 찾는다. 사진 1-1 여행객으로서 이국의 풍광을 볼 수 있고 쉴 수 있고 일탈할 수 있는 숙소, 카페, 술집, 상점, 식당 등이 많기 때문이다. 그래서 이곳은 일상의 소소한 삶보다 놀이와 쾌락, 일탈에 보다 더 가까운 곳이다. 또한 레게음악 등의 남아공의 하위문화(sub-culture)도 경험할 수 있다.

　이곳은 낮과 밤 모두 여행객이 붐빈다. 낮에는 골동품 상점, 기념품 상점, 커피숍, 옷 가게 등이 즐비한 거리를 구경하는 사람으로, 그리고 밤에는 술과 여흥을 즐기는 사람으로 가득하다. 그래서 낮과 밤의 거리는 각각 그 역할과 기능을 달리한다. 낮의 상점은 밤에 문을 닫고, 밤의 상점은 낮에 문을 닫는다. 밤에는 네온사인이 켜지고 사람들은 하나둘 도시의 화려한 불빛에 취하기 시작한다. 밤을 잊은 그대에게 딱 어울리는 곳이다. 아침의 롱스트리트는 지난밤의 광기를 도로 위와 건물 구석에 고스란히 받아 낸다. 미화원들은 지난밤의 부스러기를 치우고 도시는 낮을 지배할 사람들을 기다린다.

롱스트리트 여행은 '롱스트리트의 눈(Eyes on Long Street)'에서부터 시작한다.사진 1-2 눈을 모자이크 장식한 조형물로서, 이곳에서부터 롱스트리트가 시작됨을 알려 준다. 이 거리에는 미용실 '아프로헤어(Afro Hair)', 커피숍 '알 카페(R caffe)', 케이프더치 양식 저택 '쿠프만스드 웨트하우스(Koopmans-de Wet House)', 음식점 '마마 아프리

1-2 롱스트리트의 눈 상징물

카(Mama Africa)', 옷 가게 '스카 클로딩(Ska Clothing)', 목욕탕 '롱스트리트 배스(Long Street Bath)', 와인 상점 '시그널힐 와이너리(Signal Hill Winery)' 등이 있다.

이 중에서 가장 인기가 높은 장소는 마마 아프리카이다.사진 1-3 건물의 외관부터 심상치 않다. 적색 건물에 강한 인상을 지닌 여성의 얼굴이 건물을 장식하고 있다. 이국의 음식과 현란하고 활발한 주류 문화를 즐길 수 있는 곳이다. 특히 문고리의 아프리카 장식이 눈에 띈다. 그 문고리를 잡는 것만으로도 아프리카의 원색의 문화를 느끼기에 충분하다.

인상적인 장소는 롱스트리트 초입의 목욕탕 롱스트리트 배스이다.사진 1-4 1926년부터 영업을 하고 있는 대중목욕탕이며, 수영장이 있고 사우나와 마사지를 함께 즐길 수 있다. 건물의 입구에 쓰여 있는 'Turkish Bath', 즉 터키식 목욕탕이라는 표현이 눈길을 끌었다. 한때 이 표현은 우리나라에서 퇴폐 목욕탕을 상징하기도 하였다.

롱스트리트는 다양한 사람과 건물들로 화려함과 취함과 젊음과 시끄러움 등이 혼재하는 곳이다. 이곳에 모이는 사람들이 모두 선량하지는 않다. 특히 밤에 이 거리를 걷는다는 것은 강도, 소매치기, 카드 복제 등의 범죄에 노출되어 있음을 의미한다. 자나 깨나 조심을 해야 한다. 그리고 케이프타운을 비롯한 도시 여행 시에는 특히 카드 사용을 조심해야 한다. 아프리카로 오기 전 읽은 여행서에 이런 내용이 있었다. "현금인출기 가드 투입구에 얇은 칩을 넣어 두고 비밀번호를 누르는 순간에 숫자 버튼판 옆에는 육안으로 식별하지 못할 만큼 작고 미

1-3 마마 아프리카 외관

1-4 롱스트리트의 터키 목욕탕

세한 카메라를 설치해서 순식간에 감쪽같이 현금카드의 개인 신용정보를 훔쳐 가 버린다."

에피소드 1. 남아공에서 당한 신용카드 해킹

포트엘리자베스에서 호텔 체크인을 하던 중 휴대폰에 문자 메시지가 하나 왔다. 체크인을 하다 말고 문자 내용을 보니, 케이프타운에서 신용카드를 사용했다는 것이다. 케이프타운에서 포트엘리자베스까지는 거리가 무려 750km 이상 떨어져 있는데, 나의 신용카드가 사용된 것이다. 그것도 우리 돈으로 무려 400만 원 정도다. 급히 한국의 카드회사에 전화해서 알아보니, 케이프타운의 한 술집에서 사용되었다고 했다. 말로만 듣던 신용카드 해킹이 나에게도 일어난 것이다. 남아프리카공화국이 위험한 나라여서 많이 조심했는데도 말이다.

신용카드 해킹은 누구에게나 일어날 수 있는 사건이다. 이럴 경우 대처하는 방법을 잘 알아 둘 필요가 있다. 먼저, 즉각 신용카드 회사에 전화해서 사용내역을 확인한 후 신용카드를 정지시키고 지급정지 신청을 해야 한다. 다음으로 현지에서 본인이 신용카드를 사용하지 않았으며 분실하지도 않았음을 입증해야 한다. 신용카드의 사용 장소와 거리가 떨어져 있을 경우 가까운 경찰서에 신고하고 신고접수증 사본을 받아 올 필요가 있다. 같은 도시 내에서 해킹을 당했을 때는 제3자의 증언이나 자신의 서명 여부를 잘 살펴야 한다. 또한 신용카드를 분실하지 않은 경우 신용카드를 사진으로 찍어서 신용카드 회사에 보내야 한다. 한편 신용카드를 사용할 경우에는 무선 카드 단말기를 이용하는 것이 좋다. 그리고 비밀번호를 눌러야 할 경우 소형카메라 등을 조심

해야 한다. 부디 여행 중에 이런 일을 당하지 않길 바란다.

케이프타운 시청이 알려 주는 유용한 안전 지침

1. 많은 돈을 가지고 다니지 마라. 남의 눈에 띄게 사진기를 가지고 다니지 말고, 소지품을 놓고 다니지 마라.

2. 가고자 하는 (혹은 피하고 싶은) 곳에 대한 여행 안내자, 관광정보 센터 직원 혹은 주민들의 주의사항을 유념하라.

3. 밤에 사막이나 어두운 장소에 가지 마라.

4. 현금인출기에서는 어떤 방식이든지 수상한 사람의 도움을 받지 마라.

5. 거리의 부랑아나 걸인이 구걸하기 위하여 다가올 수도 있다. 선행을 베풀고 싶거든, 등록된 자선단체에 음식이나 기부금을 내는 방법을 고려해 보라.

6. 밤에는 경비원이 있는 안전한 곳에 주차를 해라.

7. 안전한 곳에 중요 서류들을 복사해서 보관하라.

처치스트리트 광장 식민의 기억이 현재를 지배하다

처치스트리트 광장(Church Street Square)은 세인트조지 성당에서 유래한 거리명이다. 이 광장을 중심으로 크고 작은 도로들이 연계되어 있으며 도로를 따라 식민 시대의 유물들이 몰려 있다.

컴퍼니가든, 식민지 확장의 전진기지

케이프타운 도심을 걷다 보면 건물 사이로 녹색의 도시숲 컴퍼니가든(Company's Garden)이 나타난다._{사진 1-5} 동인도회사의 정원이라는 의미로, 이름 자체가 식민지의 역사를 보여 준다. 이곳은 동인도회사의 지배력을 아시아로 확장하기 위한 전진기지였다. 식민지를 거점 삼아 또 다른 식민지를 차지하려는 모습을 볼 수 있는 곳이다.

컴퍼니가든은 1652년에 얀 판 리베크(Jan van Riebeeck)가 동인도로 떠나는 선원들에게 채소를 공급할 목적으로 만들었다. 케이프타운의 희망봉을 돌아 인도, 인도네시아, 말레이반도 등으로 나아가는 데 필요한 생필품의 보급기지 역할을 하였다. 초기에는 주로 채소와 과수를 재배하였고, 후기에는 허브, 장미 등 다양한 식물을 재배하였다.

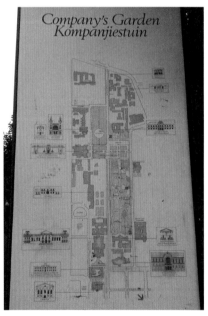

1-5 컴퍼니가든 안내도

현재의 컴퍼니가든은 초기보다 면적이 많이 축소되었다. 그래도 도시 숲으로서 케이프타운의 허파 역할을 충분히 하고 있다. 허브, 장미와 같은 약용식물과 관상식물뿐만 아니라 고무나무 등과 같은 열대 기후의 나무들도 자라고 있다. 이곳에는 산책로와 벤치 등이 마련되어 있다. 이곳은 도시민을 위한 도심정원이다._{사진 1-6}

1-6 컴퍼니가든의 식생 경관

식민의 유산이 도심 경관을 지배하다

동인도회사의 정원인 컴퍼니가든이 있다는 점은 이 지역이 식민지의 본산임을 말해 준다고 할 수 있다. 이를 증명이라도 하듯 컴퍼니가든 주변에는 여러 중요한 건물들이 있다. 먼저 과거 식민 지배자들의 사교 장소였던, 그리고 현재 대통령의 케이프타운 집무실인 틴하우스(De Tuynhuys)가 있다. 1885년에 건축된 남아공의회(House of Parliament) 건물도 있다. 이 건물은 케이프타운이 남아공의 입법 수도임을 보여 준다. 주변에 있는 케이프타운 주청사, 국립도서관, 시청, 메트로폴리탄 감리교회, 세인트조지 성당, 올드타운 하우스, 국립미술관 등도 식민지 시대의 유산들이다.

컴퍼니가든의 입구에 있는 슬레이브로지 박물관(Slave Lodge Mu-seum)사진 1-7은 과거 동인도회사에서 관리하던 노예들의 수용소였다. 이곳은 동인도회사가 인도, 말레이, 인도네시아, 동부 아프리카 등지에서 끌고 온 노예들을 사고파는 노예 시장으로 사용되었다. 화재로 소실된 후 1679년에 복원되었으며, 1752년 2층으로 증축되었다. 이후 이 건물은 국립도서관, 법원, 우체국 등으로 사용되다가 현재는 박물관으로 활용되고 있다. 건물의 이름만으로도 이 지역이 네덜란드에서 영국에 이르는 식민 통치의 본산임을 알 수 있다.

남아공이 독립을 한 후에도 식민 시대의 유물들은 건재하였다. 식민의 유산은 남아공을 다인종·다문화 사회로 만들었다. 그리고 그 유산이 남아공을 아프리카의 유럽으로 만들었다. 때론 눈에 보이는 경관

1-7 슬레이브로지 박물관

이 우리의 마음을 지배할 수도 있다. 이제 그 식민지의 유산을 있는 그대로 받아들일 정도의 시간이 흘렀지만 여전히 남아공은 식민의 후예들이 지배하는 곳이다. 그래서 식민의 유산이 나에겐 편하게 느껴지지 않았다.

식민의 본산에서 남아공의 저항은 시작됐다

남아공은 질곡의 역사를 가진 나라이다. 어릴 적 들었던 남아공에 대한 뉴스는 부정적인 소식이 많았다. 테러, 폭동, 인종차별 같은 소식은 남아공에 대한 편견을 갖게 했다. 또한 멀리서 들려오던 남아공의 투쟁사는 우리에게 투쟁의 길을 일러 주기도 했다.

부를 가진 자와 정치 권력을 가진 자가 결탁하고, 다시 이들과 선진국이라는 지배 국가들이 결합하여 지배 집단과 지배 국가의 이익을 극대화하였다. 다시 말하여 계급 모순과 민족 모순이 결탁하여 계급의 양극화를 가져왔고 이는 약소국으로서 영국과 미국 등에 종속되는 문제를 낳았다.

남아공은 영국, 네덜란드와 독일 등 지배 국가의 후예들이 권력과 부를 차지하고 있다. 그리고 그들은 인종차별이라는 만행을 서슴없이 저질렀다. 흑인, 가난한 자와 민중은 그들의 만행에 저항하여 거리로 뛰쳐나왔다. 그들은 정치 결사체를 조직하여 시위와 파업을 했고, 때론 총을 쏘며 저항하였다.

남아공 저항의 아이콘은 투투 대주교와 넬슨 만델라 대통령이다. 그들은 식민의 본산지인 케이프타운의 도심에서 자유와 평등, 평화를 위하여 저항하였다. 그런 중의 하나가 1901년 설립된 세인트조지 성당

(St. George's Cathedral)이다. 사진 1-8 이 성당은 영국의 국교인 성공회 교회로서, 노벨상 수상자이자 아파르트헤이트에 저항한 투투 대주교가 직접 미사를 집전한 성당으로도 유명하다. 1989년 투투 대주교는 3만 명의 흑인들과 함께 시청까지 행진하며 인종차별 정책의 철폐를 주장했다. 그는 흑인들에게 외쳤다. "당신만이 느끼고 있지 못할 뿐, 당신은 매우 특별한 사람입니다!" "희망은 모든 어둠에도 불구하고 빛이 있음을 볼 수 있는 것입니다."

그리고 저항이 일어났던 또 다른 곳으로, 1905년에 건축된 시청이 있다. 1990년 2월 11일 이곳에서 넬슨 만델라의 연설이 시작되었다. 27년간의 투옥생활에서 풀려난 만델라는 이곳 시청 발코니에서 흑인의 자유를 선언하였고, 1994년에는 대통령 후보로서 대중 연설을 하였다.

1-8 세인트조지 성당의 모습

케이프타운 시청은 남아공 현대사에서 아파르트헤이트를 종식시켰던 마지막 저항의 장소로 기억되고 있다.

그린마켓 스퀘어, 도심에서도 상인은 살아남는다

컴퍼니가든 옆, 즉 쇼트마켓스트리트와 롱마켓스트리트 사이에는 그린마켓 스퀘어(Green Market Square)가 있다. 사진 1-9 이곳은 광장 시장이다. 거리를 따라서 시장이 장방형으로 길게 펼쳐져 있다. 중간에는 가로수가 있고, 주변에는 조각품들이 전시되어 있다. 바닥에는 아스팔트와 블록이 깔려 있다.

광장의 아침은 노점상들이 자신들의 부스를 차리느라 분주하다. 녹색, 파란색, 주황색 등의 비닐로 한 칸짜리 부스를 만들어 놓았다. 부스의 삼면을 상품으로 빼곡하게 채워 놓고 부스 앞도 물건을 가득 매달아 놓았다. 가게 주인은 플라스틱 의자를 마련해 두었다. 분주하게 하루를 시작한 그들은 그린마켓 스퀘어를 찾을 손님을 맞이할 준비를 모두 마친 상태다. 기념품, 옷, 가방, 잡화 등 각종 물건들이 쏟아져 나와서 케이프타운의 가장 번화한 서리의 뒷길을 오가는 손님들을 유혹하고 있었다. 거리에는 금을 사고파는 길거리 상인들도 눈에 띄었다. 남아공이 금의 나라임에는 틀림없어 보였다.

길거리 상인들은 생명력이 강하다. 세상에서 살아남은 자가 강한 자란 말이 있듯이, 상인들은 살아남았기에 강한 자들이다. 상인들은 살기 위하여 한곳에 모여서 시장을 만들고 손님을 부른다. 살아남고자 하는 것은 원초적 본능이다. 자신과 함께 가족이라는 공동체를 먹여 살리려는 강한 책임의식의 표현이다. 하지만 이곳 길거리 상인들의 표

1-9 그린마켓 스퀘어의 모습

정에는 여유가 있다. 세인들이 오고 가는 것에 크게 반응도 하지 않는 다. 손님이 물건에 관심을 보일 때를 기다린다.

컴퍼니가든과 그린마켓 스퀘어와 어깨를 나란히 하는 가장 큰 도로 이자 번화가는 퀸빅토리아스트리트(Queen Victoria Street)이다. 이 곳에는 은행, 시장 등이 즐비하다. 오래된 식민 시대의 유물로 보이는 건물들이다. 건물에는 건설 연도가 적혀 있는데, 그 숫자만으로도 이 거리가 식민 시대의 유사임을 알 수 있다. 그리고 도심 거리인 애덜리 스트리트의 한쪽에는 플라워셀러스(Flower Sellers) 시장, 즉 꽃시장

1-10 플라워셀러스 시장과 남아공 국화인 프로테아

이 있다. 사진 1-10 약 100년의 역사를 자랑하는 시장의 입구에는 남아공의 국화인 프로테아(protea)를 다양한 종으로 만날 수 있다. 화려하지 않은 듯 화려한, 강한 인상이 드는 꽃이다.

캐슬오브굿호프 식민지의 본산을 방어하다

케이프타운 도심 한가운데 자리 잡고 있는 캐슬오브굿호프(Castle of Good Hope), 즉 '희망의 성'에 도착하였다. 사진 1-11 오각형의 성채, 펜타곤의 배치가 인상적이다. 오각형의 한 변은 180m이고, 높이는 약 10m이다. 성채 주변에 해자를 만들어 두었다. 지금은 물이 빠져 있지만 깊게 파인 해자는 그 기능을 하기에 충분해 보인다. 해자를 넘어서면 펜타곤의 입구가 나온다. 펜타곤 안에는 광장과 내부 건물이 자리 잡고 있다. 출입문은 좁고 오각형 펜타곤의 방어벽은 매우 두껍게 만들어져 있다. 좁은 문은 출입을 통제하기에 좋고, 높은 벽은 적의 침공을 막기에 적절해 보였다. 현재 보수공사를 진행하고 있으며, 제복을 입은 관리인이 입장료를 받고 있다.

캐슬오브굿호프는 방어용으로 건축되었다. 1664년 영국과 네덜란드 사이에 전쟁이 일어나고 영국이 케이프반도를 공격할 것이라는 소문이 돌면서 이 성을 지었다고 한다. 네덜란드 동인도회사의 관리자이자 케이프타운을 건설한 얀 판 리베크가 1652년 진흙과 목재로 만든 요새를 1666년에서 1679년까지 13년에 걸쳐 다시 건축하였다. 남아공에서 가장 오래된 건축물이다.

이 성은 1795년까지 동인도회사의 본부로 사용되었다가, 영국이 이곳을 점령한 후 1850년까지 영국 관료의 거주지와 사무실로 이용되었다. 결국 이 성은 케이프타운의 식민 통치를 강화하는 데 쓰였다. 약탈

1-11 캐슬오브굿호프의 입구

자에겐 이곳이 분명 '희망의 성'이었겠으나, 이곳 주민들에게는 수탈의 본거지였을 것이다.

식민 지배 국가의 수탈 방법도 시대에 따라서 달라졌다. 맨 처음에는 노동 인력, 즉 노예의 강제 노역을 통한 농업과 광업의 착취가 주를 이루었다. 이와 같은 수탈은 차별과 폭력을 통한 착취이다. 다음으로 합법을 가장한 불법으로써 착취의 명분을 얻었고, 이는 경제적 수탈과 함께 정치적 권력의 수탈로 이어졌다. 그리고 아파르트헤이트를 철폐하면서부터는 합법하에 더욱 자연스럽게 경제적, 문화적 수탈을 감행하였다. 백인들은 정치적 권력을 내주면서 경제적, 사회적, 문화적 권력을 장악한 것이다. 바로 이들 수탈의 초기 기관이 이곳 캐슬오브굿호프이다.

이제 이곳에는 남아공의 국기가 하늘 높이 펄럭이고 있다. 남아공이 식민의 아픔으로부터 벗어난 당당한 독립 국가임을 세상에 알리려는 듯 말이다.

디스트릭트식스 거주지 분리 정책의 아픔

롱스트리트에서 멀지 않은 곳에 디스트릭트식스(District Six)가 있다. 우리말로 하면 6지구(地區)이다. '지구'라는 말은 이곳이 구획 지역, 즉 의도된 개발 지구임을 알려 준다. 도심에서 멀지 않은 곳에 있던 주택지를 새롭게 구획 정리를 한 것이다. 디스트릭트식스에서 먼저 살

앉던 사람은 흑인 원주민들과 네덜란드 동인도회사의 노동자로 끌려온 노예 등 컬러드(coloured)들이었다. 하지만 그들은 남아공 정부의 의도적인 도시 개선 사업, 즉 아파르트헤이트 정책으로 그곳을 떠나야 했다.

아파르트헤이트 정책은 이 지역을 백인 전용 거주지구로 지정하였고, 이곳에 살던 수만 명의 흑인과 유색인들은 모두 내쫓기고 주택들은 강제 철거되었다. 케이프타운 도심에서 백인들을 위해 자행한 대대적인 도시 정비 사업이었다. 이는 도시 미관을 위한 정비 작업이라는 명분으로 도시 빈민을 처리하는 대표적인 방식이다. 1901년에 첫 번째 철거 작업이 실시되었고, 1966년 거주지역 지정법(Group Areas Act)이 공포되면서 백인 거주지역이 되었다. 백인 정부는 좁은 지역에 6만 여 명의 컬러드들이 살던 장소를 불도저로 밀어버리고 그들을 강제 퇴거시켰다.

그리고 1994년 아파르트헤이트가 철폐되었다. 과거 이 지역의 강제 퇴거 역사를 기억하기 위하여 이곳에 디스트릭트식스 박물관(District Six Museum)이 세워졌다. 박물관 내부는 깊게 땅을 파서 만들었고, 바닥에는 이 지역의 지도가 그려져 있다.

주변에는 케이프반도 공과대학교(Cape Peninsula University of Technology)가 자리하고 있고, 열악한 주택 지구를 형성하고 있다. 그곳 거리 한쪽에 넬슨 만델라 대통령의 얼굴 초상이 거대하게 벽면을 장식하고 있다. 넬슨 만델라 대통령의 초상만으로도 이곳에 사는 사람들에게는 위로가 될 것으로 보인다. 사진 1-12

이곳의 한 슈퍼마켓 입구에 쓰여진 문구가 인상적이다. '희망이 없으

1-12 거리의 넬슨 만델라 대통령 벽화

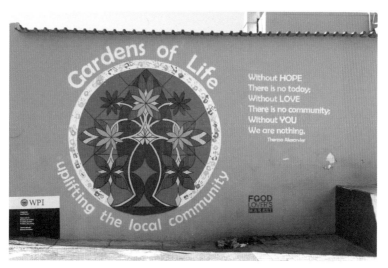

1-13 슈퍼마켓의 벽화와 문구

면 오늘도 없다. 사랑이 없으면 공동체도 없다. 네가 없이 우리는 아무 것도 아니다.'^{사진 1-13} 희망과 사랑 그리고 우리를 노래하고 있었다. 희 망을 말하지 않고 미래를 말할 수 없다. 지금의 삶이 고단할지라도 그 들은 희망을 노래하고 있다. 가난할지라도 그들은 사랑을 노래하고 있 다. '우리'라는 우분투 정신을 바탕으로 한 공동체주의를 말하고 있다.

케이프타운의 도심에는 식민의 유산이 존재한다. 그 주인은 바뀌었 지만 여전히 식민의 유산은 케이프타운의 도심을, 아니 남아공의 심장 을 지배하고 있다. 식민지 권력에서 남아공의 권력으로 갈아탄 자들 이 이 나라를 지배하고 있다. 그리고 나는 그 식민의 잔영이 남은 현장 에 서 있다. 이곳 도심을 걸으면서 생각이 많아진다. 유럽의 탐욕에서 비롯된 남아공의 빈곤, 여전히 타자들이 남긴 빈부격차의 문제를 안고 사는 남아공의 삶이 안타깝다. 계급 간, 국가 간 갈등은 필연적인 것일 까? 인류의 진보 역사는 이 차이와 갈등을 극복하려는 몸부림일 것이 다. 그러나 여전히 우리는 이를 극복하지 못해 힘들어 하고 있다. 케이 프타운의 도심에서 아프리카 대륙의 빈곤을 본다.

에피소드 2. 케이프타운의 일상
한국과의 7시간 시차로 이른 아침 잠에서 깼다. 도심 거리를 둘러보 기 위해서 호텔 밖으로 나왔다. 도심의 거리는 출근하는 사람들로 가 득하다. 새벽의 여명이 채 밝기도 전에 도심에서는 사람들이 분주하게 움직인다. 세인들의 바쁜 일상을 한발 뒤에서 타자의 시선으로 바라본 다. 그것만으로도 여행의 즐거움을 충분히 만끽할 수 있다.

사람들이 횡단보도를 건너온다. 모두 바쁘게 발걸음을 옮긴다. 지하철이 애덜리 역에 도착할 때마다 역 입구에 사람들을 토해 낸다. 한 무리가 빠져나가고 좀 한산하다 싶으면 다시 사람들을 뿜어낸다. 버스에서도 사람들이 부지런히 타고 내린다. 지하철에서 내려서 다시 버스를 타고 가고, 버스에서 내려서 다시 지하철을 탄다. 어디론가 종종걸음으로 출근하는 사람들을 그 길에서 바라본다. 사진 1-14

애덜리 역 광장에는 테이블마운틴을 위한 사진액자가 있다. 멀리 케이프타운의 랜드마크인 테이블마운틴을 배경으로 사진을 찍을 수 있는 일종의 전망대이다. 액자에는 현지의 경도와 위도가 적혀 있다. 그리고 이곳 광장에는 상가와 식당이 있다. 이른 아침 식당 주인들이 아침을 건너뛰고 출근하는 사람들을 유혹한다. 서둘러 출근하는 사람들이 이곳에서 아침식사를 하는 모습을 볼 수 있다.

1-14 아침 출근길의 시민

나는 출근하는 군상을 타자의 시선으로 바라보았다. 마치 관음증 환자처럼 타인의 일상을 훔쳐보았다. 이 어려운 시대에 출근할 수 있다는 것만으로도 저들은 행복할 것이다. 하루 일을 통하여 스스로 살아 있음을 증명할 것이다. 누군가의 온갖 구박에도 꿋꿋이 버틸 것이다. 나의 희생으로 우리 가족이 행복할 것이기 때문이다. 오늘 새벽에 본 사람들은 저녁이 되면 오던 길과 반대 방향으로 향해서 가정으로 돌아갈 것이다. 아마도 돌아갈 가정이 있기에 오늘 아침의 출근길이 힘찰 것이다. 여행을 하는 자도 마찬가지다. 여행이 아름다운 것은 돌아갈 일상이 있기 때문이다. 잠시 일상의 쳇바퀴에서 내리면 일상을 더욱 사랑할 수 있을 것이다.

에피소드 3. 남아공 화폐의 상징

남아공 여행을 시작하면서 돈을 환전하였다. 여행객은 자기 돈과 여행국의 돈을 바꿈으로써 여행을 시작한다. 여행을 하면서 다양한 나라의 화폐를 보는 것은 여행의 또 다른 재미이다.

화폐에는 한 나라의 역사이자 상징이 담겨 있다. 일반적으로 그 나라의 가장 위대한 인물이나 랜드마크를 담기 마련이다. 우리나라 화폐에 신사임당, 세종대왕, 이이, 이황, 이순신 등의 위인이 그려져 있듯이, 남아공의 화폐인 랜드(Rand)에도 남아공의 역사와 상징이 담겨 있다. 남아공의

1-15 남아공 지폐의 뒷면 모습

지폐에는 넬슨 만델라 대통령이 새겨져 있다. 그가 남아공의 역사에서 가장 위대한 인물임을 상징하는 것이다. 화폐의 뒷면에는 사자, 코끼리, 코뿔소 등이 그려져 있다. 화폐에 동물을 새긴다는 것은 일종의 선언이기도 하다. 남아공은 자유의 나라이며, 동물의 다양성을 존중하는 나라임을 표현하는 것이다.사진 1-15 이처럼 돈에는 그 국가의 세계관이 가장 잘 드러나 있다.

　일상을 살아가는 사람들은 돈에 새겨진 역사나 상징보다는 숫자 그 자체에 관심이 많다. 돈은 가치의 척도이기에 그렇다. 그러나 여행을 통해서 가치의 척도인 화폐에 헤아릴 수 없는 가치와 문화가 담겨 있음을 살펴보는 재미를 맛보길 바란다.

Chapter 2

케이프타운의
화려함과 민낯을 보다

테이블마운틴 케이프타운의 랜드마크

테이블마운틴(Table Mountain)은 탁자 모양의 산이다. 케이프타운의 랜드마크이자 남아공의 랜드마크이다. 2004년 유네스코 세계유산으로 등록되었고, 2010년 월드컵 축구대회를 통해서 세계적으로 더욱 알려졌다. 케이프타운을 방문하는 사람들은 모두 이 산을 오른다고 해도 과언이 아니다. 그래서 이곳은 항상 관광객으로 가득하다.

테이블마운틴을 오르는 방법은 두 가지이다. 하나는 걸어서 올라가는 것이고, 다른 하나는 케이블카를 타고 올라가는 것이다. 산에 오르는 방법을 선택하는 기준은 시간, 건강, 열정, 비용 등일 것이다. 그리고 관광객에게는 항상 시간이 문제이다. 나는 케이블카를 타고 테이블마운틴을 올랐다. 사진 2-1

2-1 테이블마운틴의 케이블카 승차장

테이블마운틴은 보는 방향에 따라서 산의 모양이 달라진다. 케이프타운의 시내, 애덜리 역 광장에서 보면 가장 전형적인 테이블 모양을 볼 수 있다. 사진 2-2 『어린 왕자』에 나오는 보아뱀이 코끼리를 잡아먹은 모양과 같다. 테이블마운틴의 아랫부분은 퇴적물이 쌓여서 완만한 경사지를 이루고 윗부분은 급경사의 사면을 지니고 있다. 이들의 경계는 숲이 있는 곳과 없는 곳이다. 완만한 경사지 위까지 자동차 도로가 나 있다. 케이블카는 이 경사 급변점에서 시작하여 산을 오르는 사람들의 편의를 돕고 있다.

테이블마운틴의 안내 자료에 의하면 케이블카는 1929년 10월 4일 운행을 시작하였다. 시간당 약 800명을 운송하여 현재까지 약 2500만 명이 이용하였다. 케이블카를 타고 산에 오르다 보면 발아래 등산로를 따라 테이블마운틴을 오르는 등산객이 보인다. 계단길인 등산로가 마

2-2 애덜리 역 광장에서 본 테이블마운틴

2-3 케이블카에서 본 등산로

치 뱀과 같은 모양을 하고 있다.사진 2-3 테이블마운틴의 퇴적층을 한 계단씩 오르는 사람들의 집념에 감탄하게 된다.

사람들은 케이블카를 타려면 본능적으로 전망 좋은 자리를 차지하려고 서두른다. 하지만 나는 서두르지 않았다. 케이블카의 내부가 빙빙 돈다는 것을 알고 있었기 때문이다. 우연히 좋은 자리를 잡은 사람만이 아름다운 경관을 독점하지 않도록 내부를 회전하게 만든 것이다. 여기에는 모두를 위한 공정한 배려가 있다.

입장료를 내고 케이블카 탑승구에 도착하니 벽면에 작은 안내판이 하나 붙어 있다.사진 2-4 남아공의 지질학회가 테이블마운틴의 지형 구조를 설명해 놓은 안내판이다. 지형 단면도를 보면 테이블마운틴의 형성과정을 쉽게 알 수 있다. 그러나 관광객들은 지형 단면도에 별 관심

2-4 케이블카 승차장의 지질 안내판

을 보이지 않는다.

테이블마운틴의 지형은 탁상형 평면으로 길이 2km에 평균 폭은 300m이다. 테이블마운틴은 약 5억 6000만 년 전에 바다로부터 융기하였으며, 산이 지각운동에 의해서 빠른 속도로 융기하기 전에 빙하의 이동으로 산 정상이 평평하게 깎였다.

테이블마운틴의 아래층 기반암은 실트 사암, 연질 사암과 화강암(5억 6000만 년 전), 중간층은 갈색 사암, 적색 실트 사암, 검은 셰일 암석(5억 2000만 년 전), 상부층은 회색이며 입자가 큰 사암(5억 2000만 년 전), 그리고 테이블마운틴의 정상인 맥클리어스비컨(Maclear's Beacon)(1,085m)이 있는 최상부는 빙하 침식지형(약 4억 년 전)으로 형성되어 있다. 다양한 시기에 형성된 퇴적층은 오랜 시간 동안 침식 작용이 일어나서 약한 층은 깎이고, 강한 층은 살아남아서 오늘의 지형을 이루고 있다. 그리고 깎인 물질은 아래에 쌓여서 또 다른 완만한 경사를 지닌 지형을 만들었다. 이런 퇴적지형을 애추(talus)라고 하는데 테이블마운틴의 주변에는 애추가 형성되어 있다.

케이블카를 타고 정상에 오르면, 바위 평지가 펼쳐진다. 산 정상에 있는 넓은 암석 고원이다. 이 경관을 보고 감탄사를 연발하지 않을 사람은 없다. 테이블마운틴의 평원은 서부, 중부와 동부 테이블로 나누어진다. 사람들은 주로 서부 테이블(Western Table)에서 경관을 즐긴다. 여기에는 가벼운 걷기 길이 조성되어 있는데, 다씨 길(Dassie walk), 아가마 길(Agama Walk)과 클립스프링거 길(Klipspringer Walk)사진 2-5이 그것이다. 산 정상의 트레일 코스에는 다양한 안내판이 있다. 이곳에서 볼 수 있는 식생, 암석, 날씨 등의 자연 현상과 멀리

2-5 클립스프링거 길

보이는 경관에 대한 설명이 주를 이루는데 그 내용이 보는 사람의 지
적 호기심을 충족시키기에 충분할 정도로 친절하다.

암석과 암석 사이에는 관목과 초본 식물이 자라고 있다. 넓은 바위산
에서 생명의 향연이 펼쳐지고 있다. 겨울에도 피어 있는 각종 꽃들에
일일이 눈을 맞추며 걷게 된다. 사진 2-6

산 정상부의 암석에는 크고 작은 구멍들이 형성되어 있다. 이를 나
마(gnama)라고 부르는데, 암석의 틈새에 물이 고이고 이 물이 얼고 녹
기를 반복하면서 침식되고 다시 파여서 만들어진 작은 풍화 지형이다.
거친 바람에 누워 자라면서 편형수(偏形樹)가 되어 바람의 방향을 알
려 주는 관목도 볼 수 있다.

2-6 테이블마운틴의 야생화

테이블마운틴 위에서는 케이프타운 시가지를 한눈에 볼 수 있다. 멀리 대서양, 부둣가, 주택가, 도로, 산과 숲 등이 보인다. 정상에서는 라이언스헤드(Lion's Head), 시포인트(Sea Point), 시그널힐(Signal Hill), 월드컵 축구경기장(Cape Town Stadium), 보캅(Bo-Kaap), 워터프런트(V&A Waterfront), 테이블베이(Table Bay) 등을 볼 수 있다. 그림엽서와 같이 아름다운 풍경이 펼쳐지는 이곳에서는 누가 사진을 찍어도 작품 사진이 된다. 사진 2-7

테이블마운틴의 장관은 케이프타운의 반대 방향인 대서양 방향의 경관이다. 침식지형의 경관을 형성하고 있으며, 깊은 계곡, 산지 지형, 멀리 보이는 캠프스베이(Camps Bay) 등의 해안, 그리고 사람들이 사는 모습이 한눈에 들어온다.사진 2-8 테이블마운틴에 오르지 않으면 보지 못할 경관이다. 테이블마운틴은 케이프반도를 따라서 길게 이어져 있다. 상대적으로 침식이 더 많이 이루어진 곳은 계곡이 되고 남은 곳은 높은 산이 된다. 높은 산은 자연스럽게 산봉우리가 되어 열두 개의 봉우리를 잇는다. 케이프타운의 침입자들은 이를 예수의 열두 제자에 빗대어 12사도(12 Apostles)라고 명명하였다. 12사도의 지형은 캠프스베이에서 바라보면 더욱 선명하게 드러난다.사진 2-9

테이블마운틴 정상부의 날씨는 변화무쌍하다. 해발고도 1,000m를 넘는 높은 곳이어서 안개가 낀 날도 많다. 이곳에서는 높새현상도 일어난다. 대서양에서 불어오는 바람은 산을 넘으면서 100m 오를 때마다 기온이 0.5~0.6℃씩 떨어지는 단열감률에 의해서 비가 내리고, 산을 넘으면 건조한 바람이 부는 현상이 일어난다. 테이블마운틴을 오르기에 가장 좋은 시간대는 오후 2시 이후이다. 조용하고 사람들이 섞여서 자연과 교감을 나누기에 좋기 때문이다.

테이블마운틴 정상에는 카페와 화장실, 기념품 가게가 있다. 이들은 풍광을 해치지 않으면서 거센 바람을 피할 수 있도록 만들어졌다. 카페에서는 아름다운 경치를 감상하며 커피를 마실 수 있다. 높은 산에서 커피 한잔을 한가로이 마시며 주변의 풍광에 눈길을 주어도 좋다.

케이블카를 타고 케이프타운으로 내려오는 길에 커다란 사진들이

2-7 테이블마운틴에서 본 시포인트

2-8 테이블마운틴에서 본 12사도 봉우리와 대서양 해안

보인다. 사진 2-10 이름인즉 세계 7대 자연경관 사진이다. 남아공의 테이블마운틴을 포함하여 한국의 제주도, 베트남의 하롱베이, 브라질·아르헨티나의 이구아수 폭포, 브라질의 아마존 우림, 인도네시아의 코모도 국립공원, 필리핀의 푸에르토프린세사 지하강(地下江) 등이다. 그러나 이를 보는 마음이 편치 않다. 이 '세계 7대 자연경관'의 선정이 세계적인 사기극임을 이미 알고 있던 터이기 때문이다. 유네스코와 전혀 상관없는 유령 단체가 개발도상국이나 상대적으로 전시행정에 관심 많은 국가를 상대로 사기극을 펼친 것이다. 특히 전시행정에 목말라 히는 지방자치단체를 속이는 것은 식은 죽 먹기였다. 속아 넘어갈 준비가 되어 있기 때문이다.

2-9 캠프스베이의 시내와 12사도 봉우리

2-10 세계 7대 자연경관 사진(상)과 안내 광고(하)

에피소드 4. 불청객, 주차 도우미

남아공 여행 내내 마음이 불편한 일이 있었다. 주차장에 들어서는 순간, 눈에 전혀 보이지 않던 주차 도우미가 어느새 나타나 주차를 돕는 것이다. 아무도 청하지 않은 불청객이다. 주차장이 비어 있어도 앞쪽의 빈 주차장으로 인도를 해 준다. 그리고 후진주차를 하는 동안 손짓을 하며 도와준다. 그들의 공통점은 건설 현장 등에서 사용하는 녹색 조끼를 입고 있다는 점이다. 허름한 녹색 조끼를 입고 마치 허가 받은 도우미인 양 열심히 주차를 돕는다. 그리고 잘 다녀오라고 인사까지 한다. 주변 관광을 한 후 다시 주차장으로 가면 어느새 자동차 주변으로 달려와서 다시 도움을 준다. 그런 다음, 팁을 주길 바라며 서 있다. 그들은 팁을 favor라는 단어를 쓴다. 남아공을 여행할 때는 이런 불청객을 맞을 각오를 해야 한다. 팁을 주고 안 주고는 여행객의 맘이다. 처음에는 과도한 친절로 마음이 불편하였으나 곧 익숙해졌다.

라이언스헤드에서 시그널힐까지
케이프타운의 시내를 안아 주다

이곳은 테이블마운틴 국립공원의 일부로서 클루프넥(Kloof Nek) 도로를 경계로 테이블마운틴과 라이언스헤드-시그널힐 지역으로 나누어진다. 테이블마운틴에서 케이프타운 시내 쪽으로 보이는 전경에 상대적으로 낮은 구릉이 보이는 곳이 라이언스헤드와 시그널힐이다. 사진 2-11

라이언스헤드는 말 그대로 사자의 머리를 닮은 산으로, 그 꼬리를 잇는 부분이 시그널힐이다. 라이언스헤드는 원추형의 산이다. 시루떡과 같이 차곡차곡 쌓은 퇴적층 중에서 약한 부분은 침식되고 강한 부분이 남아서 산이 되었다. 그 시기는 테이블마운틴이 형성되는 때와 같고, 형성과정 또한 같다. 시그널힐도 같은 지질 시기에 만들어지고 깎인 지형이다. 시그널힐이 지명과 같이 무엇을 암시하는 언덕인지는 몰라도 이 언덕이 대항해 시대에 인도양으로 가고자 하는 누군가에게 희망

2-11 테이블마운틴에서 본 라이언스헤드와 시그널힐

을 주었던 언덕임에는 분명하다. 시그널힐에서는 케이프타운의 서쪽 해안으로 돌아가는 대서양 바다를 볼 수 있다.

라이언스헤드에서 시그널힐로 이어지는 곳에는 말안장과 같은 낮은 언덕이 있다. 이곳에는 식생이 많지 않다. 키 큰 소나무 몇 그루가 멀대 같이 서 있을 뿐이다. 라이언스헤드에서 시그널힐까지 가는 길의 목 좋은 곳에는 전망대가 있다. 사진 2-12 사람들의 보는 눈은 비슷해서, 그 자리에 사람들이 몰린다. 두 봉우리에는 걸어서 오를 수 있는 트레킹 코스가 있다. 그리고 시그널힐 도로에는 크라마트(Kramat), 눈건 (Noon Gun) 등의 명소가 있다.

라이언스헤드(669m)에서는 테이블마운틴과 12사도의 지형을 잘 볼

2-12 시그널힐로 가는 길에서 본 테이블마운틴과 케이프타운 시내

수 있다. 테이블마운틴의 산록완사면(山麓緩斜面)인 완만한 경사지에 집들이 자리하고 있다. 아마도 부자들의 집일 것이다. 경사지의 낮은 곳에는 가난한 자들의 타운십이 자리하고 있다. 라이언스헤드에서는 시루떡처럼 층층이 쌓인 테이블마운틴의 퇴적 지형을 한눈에 볼 수 있다. 이렇게 쌓일 수 있는 조건은 과거 물속 환경 밖에는 없다. 그 물은 바다이거나 호수였을 것이다.

시그널힐의 정상(350m)에는 대서양의 망망대해와 테이블마운틴을 볼 수 있는 포토 프레임이 있다. 사진 2-13 이곳에서 대서양의 바다와 해변, 워터프런트, 테이블마운틴과 케이프타운 시내를 천천히 감상해 보아도 좋다. 이곳에서는 케이프타운이 왜 접시 모양의 도시, 즉 시티볼

TABLE MOUNTAIN, CAPE TOWN, SOUTH AFRICA.

33°55'05.00"S 18°24'08.50"E

#TableMountain

2-13 시그널힐에서 본 테이블마운틴 포토 프레임

(City Bowl)로 불리는지를 확인할 수 있다.

보캅 화려하고도 슬픈 동화 마을을 보다

보캅(Bo-Kaap)은 보(Bo)와 캅(Kaap)의 합성어로, 보는 '위에 있는' 그리고 캅은 '케이프'라는 뜻이다. 즉 보캅은 케이프 언덕 위에 있는 마을이라는 의미이다.

이곳은 말레이 출신 노예들의 집단 거주지였다. 네덜란드 동인도회사는 인도, 인도네시아, 말레이반도에서 노예를 끌고 왔다. 이들은 케이프타운 저택과 농장의 노예로서 생활을 하였다. 말레이 출신의 노예들은 충실한 종으로서 살았다.

2-14 보캅의 주택 경관

  보캅은 분홍, 노랑, 파랑 등의 색을 지닌 집들로 유명한 곳이다. 시그
널힐에서 이어지는 도심의 언덕에 있는 다양한 색의 집들은 그 이채로
움만으로도 세인들의 눈길을 끌기에 충분하다. 사람들은 자연히 이곳
에 몰려들었다. 나도 그 대열에 합류하였다.

  도로 양편에 화려한 색의 집들이 줄을 지어 있다. 사진 2-14, 2-15 자신
들이 컬러드의 후예임을 세상에 외치듯 집들을 알록달록 색칠해 놓았
다. 이곳에는 이슬람교를 믿는 사람들이 주로 살고 있다. 이슬람국가
(IS)의 만행 때문에 이들의 삶을 편견을 갖고 볼지도 모르겠다. 길가에
는 주민들이 삼삼오오 모여서 수다를 떨고 있었다. 케이프타운에서의
삶을 입구에 벽화로 남겨 둔 집도 있었다. 보캅 지역의 초기 경관, 주민
문화를 보여 주는 작은 박물관도 있지만, 보캅 지역 자체가 박물관이

었다.

보캅은 동화 마을 같았다. 밝은 파스텔 톤의 색은 이곳이 차별과 고통의 땅이었음을 잊게 했다. 보캅의 색조가 어디서 유래했는지는 몰라도 말레이 출신 노예들의 고단한 삶을 잊게 해 주었을 것이다. 보캅 사람들은 이슬람교를 바탕으로 자신들의 문화를 잇고 있다. 사람들의 입맛을 사로잡은 음식 문화도 그중 하나이다.

2-15 숙소에서 본 보캅 거리

이곳은 케이프 말레이 요리로도 유명하다. 1830년대에 말레이시아와 인도네시아에서 온 노예들이 이곳에 정착하면서 이 지역의 식재료와 동방의 풍미를 멋지게 조화시켜 탄생한 요리법이다. 특히 말레이 도넛이 유명하다. 사진 2-16 짐바브웨에서 온 이슬람교도 청년이 허름한 가게에서 말레이 도넛을 팔고 있었다.

보캅은 현재 케이프타운 도심 개발로 몸살을 앓고 있다. 개발업자들은 상대적으로 저층의 주택으로 구성된 보캅을 재개발하고자 한다. 보캅에 살아온 사람들은 그대로 살고 싶지만 자본과 권력을 가진 자들은 호시탐탐 약자의 자리를 노린다. 젠트리피케이션(gentrification)은 부자와 권력자들에 의해 도심 재개발, 도시재생이라는 이름으로 행해지는 반면, 저소득층의 약자 입장에서는 둥지 내몰림과도 같다. 도심 주변 지역을 고층으로 재개발하려는 건설업자와, 이런 재개발이 역사 유

산인 보캅 지역에 영향을 준다고 보는
주민과의 갈등이 일고 있다. 케이프타
운 법원은 보캅 주민들의 반대에도 불
구하고 주변 고층건물 건설과 재생 사
업에 손을 들어 주었다. 보캅의 벽이
저항의 벽이 되지 않길 바란다.

2-16 보캅의 말레이 도넛

워터프런트 도시의 재생과 미래를 만나다

케이프타운의 해안에서 가장 화려한 곳이 워터프런트이다. 이곳
은 케이프타운의 초기 정착지로서 각종 위락단지, 선착장, 쇼핑센터,
카페, 선창가, 기념관 등이 밀집되어 있다. 놀이기구 '케이프휠(Cape
Wheel)', 남아프리카 해양박물관(South African Maritime Museum),
해양수족관 '투오션스 아쿠아리움(Two Oceans Aquarium)', 시계탑
(Clock Tower), 다이아몬드 박물관(Cape Town Diamond Museum),
푸드마켓(V&A Food Market), 쇼핑센터 '빅토리아와프(Victoria
Wharf Shopping Centre)' 등이 대표적인 곳이다.

이곳의 공식 지명은 'V&A 워터프런트'이다. 사진 2-17 150년의 역사를
가진 항구이며, 지명의 V&A는 1860년 항구 방파제 공사의 첫 삽을 뜬
빅토리아(Victoria) 여왕과 그의 둘째 아들 알프레드(Alfred) 왕자의
이니셜을 딴 것이다.

이곳의 명물은 빨간 시계탑이다. 부두에서 보이는 시계탑은 2층으로

2-17 워터프런트의 안내도

구성된 고딕 양식의 랜드마크이다. 사진 2-18 시계탑으로 가기 위해서는 스윙브리지(Swing Bridge)를 건너야 한다. 스윙브리지는 우리말로 선회교(旋回橋)이다. 사진 2-19 교각(橋脚) 위의 수직 방향의 회전축을 중심으로 수평면에서 회전하는 형식의 교량을 의미한다. 이런 형식의 다리는 다른 배가 지나갈 때 다리를 옆으로 돌려서 이동로를 확보해 주기 위함이다.

또 하나의 랜드마크는 놀이기구인 케이프휠이다. 거대한 회전 놀이기구가 느리게 그리고 천천히 허공을 돈다. 전통적인 놀이기구로서 동심을 자극하기에 딱 좋다. 회전 놀이기구의 정점에서 대서양과 인근 도심을 한눈에 볼 수 있다.

또한 이곳에는 노벨상 광장(Nobel Square)이 있다. 사진 2-20 남아공 출신의 노벨평화상 수상자 알버트 루툴리(1960년 수상), 데즈먼드 투

2-18 워터프런트의 시계탑

투 대주교(1984년 수상), 넬슨 만델라와 데클레르크 대통령(1993년 수
상)의 조각상이 있다. 그들이 수상한 노벨상이 모두 평화상이라는 것
만으로도 남아공의 가혹한 현대사를 짐작할 수 있었다. 이들은 혹독한
인권 탄압에 맞섰고 나미비아, 심바브웨, 레소토, 스와질란드 등지의
식민지 독립운동을 하였다. 아파르트헤이트라는 악법을 철폐하고 남
아공에 화해를 가져온 만델라 대통령의 조각상이 가장 인기가 있었다.
현대사의 고통을 많이 겪은 남아공 사람들에게 주어진 노벨평화상. 그
래서인지 수상자들을 바라보는 마음이 편치만은 않았다.

　빅토리아와프는 250여 개의 상점이 들어선 쇼핑센터이다. 빅토리
아 양식의 지붕 장식을 한 상점들이 도로를 따라서 들어서 있다. 투오

2-19 워터프런트의 스윙브리지

2-20 워터프런트의 노벨상 광장

션스 아쿠아리움은 대서양과 인도양을 옮겨 놓은 듯한 수족관으로 상어, 펭귄 등 수천 종의 해양 동물이 있다. 그리고 주변에는 로벤섬을 드나들던 제터 선착장이 있다. 이곳에는 만델라를 중심으로 과거 탄압을 받았던 사람들의 사진이 게시되어 있고 그들을 기리는 작은 기념관도 있다. 사진 2-21

케이프타운에서 호사스러운 여행을 즐기고자 한다면 이곳이 제격이다. 고급 쇼핑센터에서 쇼핑을 하고 카페에서 커피와 술을 마시고, 고급 레스토랑에서 식사를 하고, 시간이 남으면 주변에서 오락을 즐길수도 있다. 선창가의 사람들은 대서양을 배경으로 선창가의 배마다 돛을 높이 세우고 어지럽게 줄을 매달고 있었다. 위락단지에서는 삶을 즐기고, 선창가에서는 삶을 살아간다. 즐기는 사람에게는 놀이 공간이지만 살아가는 사람에게는 삶의 장소이다.

2-21 제터 선착장에 게시된 사진들

　워터프런트는 케이프타운의 어제와 오늘이 교차하는 장소이다. 이 곳은 과거 항구의 모습을 지니고 있어 영국 런던의 도크랜드와 같이 옛 항구의 전형적인 모습을 볼 수 있는 곳이다. 항구 주변에는 부두와 창고 건물이 있기 마련이다. 이런 구도심에 대형 주차장을 갖추고 위 락시설, 쇼핑센터, 박물관 등이 자리 잡고 있다. 그중에서도 관심을 끄 는 것은 노벨상 광장 옆에 있는 크래프트 마켓 '워터셰드(Watershed)' 이다. 사진 2-22 이곳은 과거 창고를 개조하여 새롭게 단장한 공간으로, 소위 도시재생, 즉 젠트리피케이션 지구이다. 이곳에는 남아공의 지역 장인들이 만든 소품을 파는 가게, 청년들의 사업 공간, 인터넷 친화 공 간 등이 있다. 건물의 외벽은 붉은 블록으로 장식되어 있고, 현대식의 실내장식과 내부 공간 등을 갖추었다. 워터셰드의 취지와 특성이 우리

2-22 젠트리피케이션 이후의 워터셰드 모습

나라 전주의 남부시장 청년몰과 닮아 있었다. 이곳에서 남아공의 현대미, 젊은이의 사고, 그리고 이를 산업화 하고자 하는 창의성이 결합된 또 하나의 문화를 만났다.

타운십 차별과 약자의 고달픈 삶을 담은 장소

케이프타운 공항으로 가는 길, 도심에서 조금만 벗어나면 남아공 저소득층 밀집지구인 타운십(Township)을 볼 수 있다. 공항 근처 타운십에는 양철지붕의 집들이 다다다닥 붙어 있다. 판자로 벽을 만든 허름한 가옥들이 일정한 간격을 두고 집단을 이루고 있다. 타운십은 차를 타고 지나다가도 금방 알아볼 수 있다. 한 층 높이의 낮은 집들이 넓게 펼쳐져 있기 때문이다. 최근에는 판자나 양철 대신에 콘크리트로 타운십을 짓기도 한다. 약간 개량되기는 했지만, 가난한 자들의 거주 공간임에는 틀림없다.

타운십은 한눈에 보아도 독특한 특징 두 가지가 있다. 먼저 전봇대가 많다. 이곳에서는 나무를 세워 전기선을 얼기설기 이어서 가정에 전기를 공급한다. 다음으로는 빨래가 많다. 줄을 매달아 빨래를 널기도 하고, 베란다 창 위에 널기도 한다. 형형색색의 허름한 옷들이 이곳을 대표하고 있는 것이다. 이것들은 세계의 가난한 동네에서 공통적으로 볼 수 있는 경관이기도 하다. 남아공에서 여행객을 유혹하는 대표적인 장소이다.

케이프타운의 큰 타운십으로는 랑가(Langa), 카엘리차(Khayelitsha), 구굴레투(Gugulethu)가 있고, 작은 곳으로는 하우트베이(Hout Bay)의 이미자모예투(Imizamo Yethu), 마시푸멜레레(Masiphu-melele)가 있다. 랑가는 문자적으로 태양을 의미한다. 이는 남아공 반투족의 부족장이었던 랑가리발레레(Langalibalele)에서 비롯되었는데 '태양이 이글거리다'라는 뜻이다. 이미자모예투는 '집단적 노력을 통하여', 마시푸멜레레는 '나는 해낼 것이다'라는 뜻을 가지고 있다. 그 어원들은 찬란하나, 이름과 현실은 너무도 대조적이다.

타운십은 아파르트헤이트의 유산이다. 흑인 거주지 차별을 가져온 홈랜드 정책(Homeland Policy)과 거주지역 지정법(Group areas Act)은 아파르트헤이트에 기초하여 만들어졌다. 홈랜드 정책을 통해 백인 정권은 아프리칸스어로 반투스탄(bantustan)이라고 부르는 척박한 주변 농촌 홈랜드로 흑인들을 이주시키는 것을 제도화하였다. 또한 거주지역 지정법을 통해 흑인이 도시에 거주하지 못하도록 만들었다.

이렇듯 과거 남아공은 '분리'를 뜻하는 '아파르트헤이트' 정책으로 케이프타운의 거주지를 분리하였다. 인종 범주에 따라 백인과 유색인(흑인과 유럽계 조상 간 혼혈인), 인도인(남부아시아), 흑인을 각각의 주거지역으로 나뉘었다. 백인은 도시에서 가장 넓고 가치 있는 부분을 차지하였는데, 테이블마운틴 아래 경관 좋은 지역이 대표적이다. 흑인은 도시 주변으로 쫓겨나 타운십이라 불리는 흑인 전용 무허가 불량 주거 지역에서 살아야만 했다. 도시 내에서 백인 거주지역과 흑인 거주지역은 고속도로, 철도 등이 경계선이 되어 서로 격리되었다. 도시 내에는 백인들을 위한 흑인 가정부, 청소부, 하급 노동자 등을 거주시킨 지역도 있었다. 오늘날에는 적어도 법적으로는 흑인이나 유색인,

인도인 누구나 어디든 원하는 곳에서 살 수 있도록 허가되어 있다.

백인의 인종차별 정책으로 만들어진 타운십은 남아공의 민주화를 가져오는 계기가 되었다. 차별 받은 동질의 집단 구성원들이 한 장소에 집중적으로 거주함으로써 단합된 힘을 발휘할 수 있었다. 이는 반정부 투쟁, 노동자 파업, 자치 기회 확보, 부패에 대한 저항으로 이어졌다. 리처드 J. 리드(2013)는 이에 대해 도시 빈민들과 정치적으로 의식이 깨어 있던 이들의 지지를 전혀 받지 못했던 부패한 지역의 지도자들 때문이라고 설명했다. 결국 투쟁과 저항의 지도자들이 지도력을 갖고 남아공의 현대사를 이끌어냈다.

타운십의 대명사는 가난이다. 이곳에서 빈곤의 재생산이 이루어지고 있다. 이곳 사람들은 빈곤으로 삶의 여유가 없어서 문맹률이 높다. 백인의 오랜 차별로 인하여 정규교육을 제대로 받지 못하고 변변한 일자리를 갖지 못한 사람들이 태반이다. 무지한 자는 정치적으로 이용당할 확률이 늘 높다. 무지는 계층 상승의 사다리를 걷어치우게 만든다. 가진 자들이 희망의 사다리를 거두어도 이를 잘 깨닫지 못하게 된다. 그래서 이곳에서는 계층의 계급화가 가속화된다. 점점 이들은 불가촉천민(不可觸賤民)으로 자리매김되어 간다. 습관화된 가난으로, 그리고 구조적인 모순으로 이들의 삶이 결정되지 않길 바란다.

현재 주거지 분리는 공식적으로 불법이지만, 근린 지구는 여전히 인종 선을 따라 정확하게 구분되어 있다. 또한 다인종 정치체계하에 흑인 중산층이 생겨났지만 대부분의 흑인은 여전히 극도의 가난 상태에 있다. 폭력 범죄가 증가하고 있고, 농촌 이주자와 이민자가 남아공 도시로 몰리면서 인종혐오주의자 등이 이주민 반대를 외치는 등 반발이 생기고 있다.

1994년 만델라 대통령이 당선되면서 아파르트헤이트는 폐지되었다. 하지만 빈부의 차이와 구조적인 악은 여전히 계속되고 있다. 백인들이 아파르트헤이트라는 악법을 취할 수 없게 되었지만, 소수의 백인이 거의 대부분의 부를 거머쥐고 있다. 만델라 대통령이 남아공에 가져온 정치적 발전에도 불구하고 경제 문제를 비롯한 삶의 구조적인 문제는 해결되지 못했다. 흑인들의 고단한 삶이 계속되고 있는 것이다. 남아공의 사회경제적 양극화는 앞으로 해결해 나가야 할 중요한 과제이다.

타운십 관광 불편한 훔쳐보기 여행

케이프타운을 여행하다 보면 타운십을 가 보라는 관광 상품 광고를 곳곳에서 쉽게 접할 수 있다. 가난한 사람들의 삶이 관광상품화되어 세인들의 관광 거리가 되고 있는 것이다. 공항, 호텔, 렌터카업체 등에서도 반나절이나 하루 동안의 타운십 여행 상품을 권하곤 한다. 그러나 폭력, 절도, 살인 등 온갖 나쁜 이야기들은 타운십에 대한 편견을 갖게 하였고, 이는 나를 긴장시켰다. 여행에서 가장 큰 문제는 안전이기 때문이다.

하지만 타운십 여행에서의 더 큰 고민은 타자의 시선으로 가난한 자들의 삶을 눈요깃거리로 봐야 하는지의 문제였다. 악법에 의해 탄생한 빈민가가 그 구조적인 문제점을 해결하지 못하고 있는 상황에서 단지나의 호기심을 채우기 위하여 그곳을 여행하고 싶지는 않았다. 물론 처음에는 다른 문화를 지닌 지역을 경험해 보자는 차원에서 타운십을 방문하고 싶었다. 하지만 이런 저런 사정으로 방문이 미뤄지면서, 타운십 관광에 대해서 다시 생각해 보게 되었다. 그리고 가난을 상품화하는 타운십 투어를 하지 않기로 결정하였다.

타운십 관광 상품은 훔쳐보기 심리의 반영이라고 생각한다. 어쩌면 우리는, 그들은 나하고는 다른 사람들이며 나는 그들보다는 더 나은 삶을 살고 있다는 생각으로 그들의 삶을 훔쳐봄으로써 상대적으로 위안을 얻는지도 모른다. 타운십은 거칠지만 친절하며 가난하지만 순수하다고 애써 양가적 감정을 가지며 자신의 미안함을 감출 수도 있을 것이다. 하지만 한번쯤 이것이 그들에게는 가혹한 것이 아닐까 생각해 볼 필요가 있다.

Chapter 3

희망봉을 찾다가
케이프반도의 아름다움에 빠지다

케이프타운 시내의 번잡함에서 벗어나 풍광이 아름다운 대서양 해안도로로 향했다. 케이프반도의 서부 해안도로는 대서양 해변을 달리는 아름다운 드라이브 길로, 테이블마운틴으로 오르는 길목에서 언덕을 넘으면 서부 해안도로로 이어진다. 케이프타운을 둘러싸고 있는 대서양 해변은 테이블마운틴의 자태를 배경으로 쪽빛 바다, 아름다운 해변경관, 그리고 해안도로가 그림처럼 펼쳐져 있다. 사람들은 케이프반도의 경관에 빠지기 위해서 해안도로를 느린 듯 가슴 벅차게 달린다. 달리다가 어디에 머물러 바라보아도 멋지다. 이른 아침에 달려도, 강렬한 태양이 머무는 낮에 달려도, 노을이 지는 석양에 달려도 케이프반도는 언제나 아름답다. 거친 대서양의 파도조차도 해변의 풍경에 장식품이 될 정도로 이국의 아름다움이 있다.

에피소드 5. 케이프반도의 다양한 지명들

남아공의 케이프타운 일대의 지명에는 '케이프(cape), 베이(bay), 포인트(point)' 등이 흔히 들어가 있다. 여행 중에 수시로 볼 수 있는 지명이다. 잠시 케이프타운의 어원을 살펴보자. 해안을 따라 규칙적 간격으로 지형이 마치 톱날처럼 들고 나는 경관을 케이프라고 한다. 케이프타운은 케이프 상에 발달한 도시라는 의미이다.

그리고 케이프타운을 중심으로 케이프반도의 지명에 많은 포인트와 베이는 우리말로 곶과 만이다. 지형적으로 땅이 바다로 튀어나온 것이 곶이고, 바다가 육지로 들어온 것이 만이다. 이런 지명이 많다는 것은 해안선의 드나듦이 복잡하다는 의미이다. 케이프반도는 이런 해안선의 들고 남이 아름다운 경관을 연출하고 있다. 곶은 거친 파도를 견뎌

내는 암석으로 이루어져 있고, 이를 헤드랜드(headland)라고도 한다. 그리고 만은 거칠고 사나운 바다를 품어 주는 곳으로, 모래와 자갈로 이루어져 있다. 이를 보통 포켓비치(pocket beach)라고 한다.

곶과 만은 강렬함과 부드러움이 대조를 이룬다. 그리고 이런 대조가 조화를 이루는 곳이 케이프반도의 대서양 연안이다. 케이프반도의 해안도로를 달리다 보면 이런 경관을 쉽게 볼 수 있다. 지리학을 전공하지 않았다 할지라도 이런 해안경관을 눈으로 보고 감상할 수 있다면 누구든 지리학자라고 할 수 있다.

라군비치 아침 안개 속 석호를 보다

라군비치(Lagoon Beach)는 케이프타운의 북쪽 해안에 위치한 석호 해변이다. 사진 3-1 모래 퇴적물로 만들어진 호수의 해변에는 고운 실트 모래가 가득하다. 그곳에 사람들이 호텔을 짓고 놀이시설을 만들어 놓았다. 아침 안개로 해변은 흐릿했고, 새벽에 내린 비로 모래는 물을 머금고 있었다. 비구름으로 푸른 하늘을 받지 못한 바다는 흐렸다. 흐린 대서양의 바다가 겨울의 라군비치를 스산하게 만들었다.

라군비치에는 호수에서 바다로 흘러가는 물줄기가 있고, 석호를 만들어 준 사주(sand bar)가 대서양을 따라서 길게 펼쳐져 있다. 그리고 이 모래해변에 맞닿아 별장들이 들어서 있다. 지난여름 대서양 해변의 라군비치에서 즐거운 시간을 보냈을 수많은 사람들의 모습이 머릿속에 그려졌다.

3-1 라군비치의 저녁노을

석호와 해변은 함께 있어야 어울린다. 그러나 세상 사람들은 종종 과한 욕심으로 어울리지 않거나 너무 많은 건축물을 지어 해변을 망치기도 한다. 사주를 따라 들어선 별장들이 자연이 견딜 수 있는 한계치를 넘지 않길 바란다.

캠프스베이 자연의 배려로 나는 자유롭다

테이블마운틴 정상에서 내려다보면 멀리 작은 해수욕장이 있다. 그곳이 대서양 해안도로에서 맨 먼저 만날 수 있는 캠프스베이(Camps

3-2 캠프스베이 전경

Bay)다. ^{사진} 3-2 해안도로에서 보이는 대서양은 푸르기 그지없다. 아름다운 해안에는 모래사장, 즉 사빈(sand beach)이 있어야 제격이다. 이곳은 주로 조가비의 잔해로 이루어진 사빈이어서 밝은 하얀색을 이루고 있다. 하얀 모래사장은 곡선을 이룬다. 모래사장은 만이 형성된 곳에 파도가 모래를 운반하여 만들어진다. 초승달 모양의 해안은 색의 대비를 이룬다. 푸른 바다와 하얀 모래, 원색의 집과 초록의 풀이 조화를 이루고 있다. 케이프타운 대서양 해안에서 베이라는 지명을 가진 어느 곳에서나 볼 수 있는 자연경관이다.

 겨울 바닷가에 사람이 없다. 그러나 이 해변을 아무 상념 없이 걷는 것만으로도 충분히 위로가 된다. 겨울 바닷가의 한적함은 어느 나라나

3-3 캠프스베이 이안류 경고문

마찬가지일 것이다. 겨울 바다는 여름의 정열과 뜨거움과 북적거림을 기억하고 있는 듯하다.

그 기억의 한 자락이 캠프스베이의 안전 표지판이다. 이 표지판은 해안에서 발달하는 이안류(離岸流)에 대해 경고를 하는 내용이 있다. 사진 3-3 이안류는 해류가 해안에서 바다 방향으로 급속히 빠져나가는 자연현상이다.

해안은 기억으로 겨울을 버티고 다시 여름을 기다리고 있다. 나도 그 겨울의 한 자락에 여름의 기억을 토해 내며 말없이 걸어 보았다. 내가 걸으니 새들도 걷는다. 그리고 세상의 걸을 수 있는 모든 것들이 함께 천천히 걷는다. 해변을 가득 메운 호텔, 콘도미니엄, 집들도 긴장을 풀고서 겨울 바다의 잔영을 즐긴다. 이런 감상을 즐기기 좋은 케이프타운의 바닷가가 캠프스베이다.

캠프스베이 해변에는 호텔, 콘도미니엄, 카페, 식당, 소규모 가게 등이 즐비하다. 테이블마운틴의 경사면을 따라서 하얀색의 건물들이 빼곡하게 들어서 있다. 사진 3-4 성수기의 손님들을 맞이하기 위한 호텔, 카페 등이 즐비하다. 겨울에는 여유를 가지고서 주변 도시를 돌아볼 수 있어서 좋다. 해변의 키 큰 야자수 나무 아래에 쉬어 갈 수 있는 벤치가 있다. 갈매기와 친구하며 시간을 보내도 좋다. 모래사장은 완만하여 아이들이 즐기기에 적절하다.

3-4 캠프스베이의 관광도시와 12사도 봉우리

캠프스베이 뒤로는 테이블마운틴에서 이어진 12사도의 봉우리가 보인다. 12사도 봉우리는 주변을 품어 주며 바다를 아늑하게 만들고 있었다. 바닷가 가까이에서 보는 12사도 봉우리는 파란 바다와 멋진 대비를 이루었다. 봉우리에 켜켜이 쌓인 퇴적층이 선명하게 보였다. 여기에 작열하는 아프리카의 태양이 곁들여지면 너욱 아름답다.

바닷가는 사람들의 무장을 풀게 하는 재주가 있다. 특별히 바다에 대한 추억이 없는 사람에게도 철 지난 바닷가는 사람을 감성적으로 만든다. 거대한 자연 앞에 선 사람의 왜소함 때문일까, 겸허함 때문일까. 해변에서는 말을 많이 할 필요가 없다. 자연과 기억과 삶과의 대화가 필요할 뿐이다. 자연 앞의 피조물로서, 지난 시간 속의 추억을 가진 자로서, 그리고 거친 삶을 살아가는 실존자로서 각양각색의 모양으로 대화를 한다. 바닷가에서는 혼자일 필요가 있다. 그 대화는 사색일 수도 있고 고독일 수도 있고 기도일 수도 있다. 자연이 타자인 나에게 배려해준 까닭으로 나는 바닷가에서 많은 유희를 할 수 있다. 캠프스베이의 겨울 바닷가는 나를 자유롭게 한다.

채프먼스피크 드라이브 세상에서 가장 아름다운 드라이브 길

세상에서 가장 아름다운 드라이브 도로라는 별칭이 하나도 이상하지 않은 길이다. 길은 희망봉반도(Peninsula of Good Hope)를 따라서 남쪽으로 이어져 있다. 반도의 남쪽 길을 따라 내려가는 중에 오른쪽에는 대서양이, 그리고 왼쪽에는 깎아지른 절벽이 있다. 절벽의 틈새에 해안도로가 건설되어 있는데, 이 길이 바로 채프먼스피크 드라이브(Chapman's Peak Drive)다. 도로는 하우트베이(Hout Bay)에서 누드훅(Noordhoek)에 이른다. 길이는 약 9km이고, 114개의 굽은 길이 있다. 1915년 공사를 시작해서 7년에 걸쳐 작업을 한 후 1922년 5월 6일에 개통되었다. 2000년에는 낙석으로 인하여 도로가 폐쇄되었다가 확장 공사를 하여 현재와 같이 유료 도로가 되었다.

채프먼스피크의 산자락에 걸려 있는 도로는 그 자체로도 아름답다. 사진 3-5 한낮이나 석양의 강한 태양을 머금은 도로에서의 주행은 이루 말할 수 없이 멋지다. 절벽 틈새로 달리면서 곁눈질을 하여 해안의 해수욕장, 사주, 곶, 파란 바다, 자연 속에 박힌 집, 하얀 포말을 감상하는 것도 좋다. 자연의 아름다움에 취해 차를 세우고 싶은 곳에는 어김

3-5 채프먼스피크 드라이브 길

없이 전망대가 나타난다. 갈 길이 바빠서 시간이 허락되지 않을지라도 경치 좋은 전망대마다 잠시 쉬어 가길 권한다. 멋진 길을 서둘러 달리지 말고 여유를 갖고 유유자적하며 자연의 일부가 되어 보실 바란다.

대서양의 파란 바다와 달리, 산지는 붉은색의 사암(砂巖)으로 이루어져 있다. 붉은빛을 띠는 암석은 태양이 비치면 신비롭게 빛난다. 특히 석양을 받은 사암은 더욱 강렬하여 몽환적으로 느껴진다. 태양 빛의 정도에 따라서 사암은 스스로를 변화시킬 줄 안다. 이 도로에는 사암층을 깎아서 반(半) 터널식으로 만든 구간도 있다. 잘 깎이는 사암의 특성을 활용하여 도로를 건설하였다. 아름다운 도로를 자동차만으로 즐기기에는 아깝기 때문에 해마다 자전거 대회와 마라톤 대회를 열기도 한다.

사람들은 희망봉을 보겠다는 일념으로 부지런히 이 길을 달린다. 그러나 빨리 달린다고 희망이 달려오진 않는다. 지나온 길을 되돌아보는 것도 좋고 내일의 삶을 생각해 보며 가는 것도 좋다. 굳이 사랑하는 사람과 함께 오픈카를 타고 미끄러지듯이 이 길을 달리지 않아도 좋다. 생각이 많은 시대에 살기에 이 순간만큼은 아무 생각을 하지 않아도 좋다. 세상에 떠밀려 살아왔기에 잠시 쉬어도 좋다. 세상에서 경쟁하며 스트레스를 받은 나를 자연 앞에 잠시 내려놓아도 좋다. 자연은 우리를 품고도 남을 만큼 넉넉하다. 이 길에 들어서는 순간, 우리 모두는 세상에서 가장 아름다운 사람이 된다.

하우트베이 경치를 감상하며 희망을 꿈꾸다

채프먼스피크 드라이브를 달리는 길에 전망대에서 보는 하우트베이가 아름답다. 사진 3-6 하우트베이의 북쪽으로는 테이블마운틴의 장관이 펼쳐져 있다. 케이프타운 시내에서는 볼 수 없는 테이블마운틴의 또 다른 비경을 볼 수 있다.

하우트베이의 원래 이름은 채프먼의 이름을 딴 '채프먼의 기회'였다. 후에 아프리칸스어로 하우트바이(Houtbaai)라고 불렸다. 이를 영어로 하면 우드베이(Wood Bay)다. 즉 하우트베이는 나무가 많은 만이라는 뜻이다. 이곳은 주변 산지에서 공급된 토사가 쌓여서 형성된 퇴적층이

3-6 하우트베이의 전경

어서 식생이 자라는 데 적합하다. 그래서 이곳에 많은 나무들이 자랄
수 있었고, 이 나무들은 20km 떨어진 케이프타운 도심을 개발하는 데
목재로 공급되었다. 하우트베이 박물관(Hout Bay Museum)에 가면
이런 역사를 잘 볼 수 있다.

하우트베이 해변은 캠프스베이 해변보다 규모가 크다. 규모가 커서
장중한 멋이 있다. 규모가 큰 만큼 대서양을 품을 도량 또한 자연스럽
게 커진다. 파란 바다에 하얀 포말이 대비를 이룬다. 파도의 포말은 없
어지고 또 살아난다. 파도의 포말은 살아서 해안에 도착한 후 그 생명
을 다한다.

하우트베이의 사암층은 붉은 정도를 달리하며 나타난다. 적색의 채
도는 검붉은 색에서부터 연분홍에 가까운 색까지 다양하다. 사암의 색
은 만들어진 시대의 자연조건에 따라서 달라진다. 퇴적암인 사암은 현

재의 조건이 아닌 다른 시기에 모래나 실트가 쌓여서 만들어진다. 쌓였다는 것은 낮은 곳에 위치해 있었음을 의미한다. 지금은 그 낮은 곳이 높은 곳이 되어 있다. 소위 융기에 의한 지층역전(地層逆轉)의 결과이다.

하우트베이의 사암층은 낮은 곳이 높은 곳이 될 수 있음을 보여 주었다. 삶에서도 낮은 자가 높은 자가 될 수 있을까. 요즘은 계급 재생산이 심화되는 시대여서 인생역전이 어렵다고 한다. 2011년 미국에서 빈부격차 심화와 기득권층의 부도덕성에 대항해 '월가를 점령하라(Occupy Wall Street)'는 구호를 외치며 진행되었던 시위와 같이, 1%가 99%를 지배하는 시대를 역전시키려는 노력이 필요하다고 본다. 그 역전의 힘과 가능성을 이곳 하우트베이의 융기 지형에서 꿈꾸어 본다.

사암은 모래알이 뭉쳐져 바위가 되었다. 모래알이 연대하여 바위가 되었듯이 민중은 연대할 때 세상을 바꿀 수 있다. 그 시작은 1%가 세운 기준을 바꾸는 것이다. 기준을 바꾸지 않는 한 우리는 1%에 종속될 수밖에 없다. 사암을 보며 시민들이 연대하고 참여하여 세상을 바꿀 수 있기를 소망해 본다. 희망은 소망이요, 소망은 꿈이다. 꿈을 함께 꾸면 역사를 바꿀 수 있다.

볼더스비치 펭귄의 나라에서 인류의 지속가능성을 보다

희망봉반도의 끝인 케이프포인트를 돌아서 다시 케이프타운으로 오

는 길에 만날 수 있는 해안 중 하나가 볼더스비치(Boulders Beach)이다. 사진 3-7 볼더는 돌멩이라는 뜻으로, 볼더스비치는 돌들이 많은 해안을 의미한다. 볼더스비치에는 작은 것부터 집채만 한 크기까지 다양한 규모의 둥근 돌들이 널려 있다. 이 크고 작은 둥근 돌들이 널려 있는 사이에는 고운 모래가 가득하다. 어느 곳은 고운 모래가 띠를 형성하여 바다를 막아 작은 수영장이 되기도 했다.

볼더스비치에는 해안을 따라서 작은 산책로가 있는데, 입장료를 내지 않고도 산책로를 따라서 걸을 수 있다. 산책로 주변 담장에는 꽃들이 아름답게 피어 있다. 이곳 수심은 깊지 않아 어린이를 동반한 가족들이 놀기에 좋을 듯하다. 볼더스비치 입구에 있는 작은 식당은 이곳을 방문한 손님들에게 인기가 높다. 정갈한 음식과 한 잔의 맥주로 바닷가의 추억을 갖기에 충분한 곳이다.

이곳 볼더스비치를 유명하게 만든 것은 아프리카 펭귄이다. 사진 3-8 펭귄들은 이곳에 진을 쳐서 작은 펭귄 공화국, 즉 펭귄 콜로니(Penguin colony)를 만들었다. 나는 콜로니라는 지명보다는 공화국이라는 지명이 좋다. 콜로니는 식민지라는 뜻을 가지고 있어 마치 펭귄이 인간의 땅을 빌려 쓰는 느낌이다. 그러나 공화국은 펭귄이 주인으로서 세운 나라라는 생각이 든다.

이곳에서는 펭귄을 아주 가까이에서 볼 수 있다. 키 작은 남아공 펭귄이 숲속에 자리를 펴고 인간을 바라본다. 펭귄은 모래와 실트로 이루어진 바닥에 다양한 자세로 자리하고 있다. 또 다른 펭귄은 모래사장과 바다를 자유로이 오가며 사람을 두려워하지 않는 모습이다. 정말로 펭귄이 지배하는 공화국이다. 여행 전문작가 푸생 부부는 이런 볼

3-7 볼더스비치의 해안경관
3-8 볼더스비치의 펭귄

더스비치의 모습을 재미있게 서술하였다.

펭귄들은 … 황금색의 화강암 덩어리와 어디서나 볼 수 있는 금발에
얼굴이 불그스레한 뚱뚱보들로 가득한 해변을 무단 점거하고 있었다.
뒤뚱뒤뚱 걸으며 햇볕에 살갗을 태우고 물속에서 노닥거리는 모습을
보니 펭귄들이 사람을 따라하는 건지, 사람들이 펭귄을 따라하는 건지

알 수 없었다. 펭귄들은 이따금 부리 싸움이나 영토 싸움을 벌일 때만 빼면, 우스꽝스런 걸음으로 곳곳에 깔린 타월과 바다코끼리처럼 그곳까지 밀려와 코를 골며 자고 있는 사람들 사이를 걸어 다녔다. 녀석들은 이 땅에 살아 있는 유일한 아프리카펭귄들이었다. 우리도 펭귄들 틈에 끼어 모래밭에서 뒹굴었다. (알렉상드르 푸생·소냐 푸생, 2009)

해안의 숲은 펭귄의 놀이터이자 잠자리이다. 이곳에서는 펭귄의 분뇨 냄새가 심하게 나기도 한다. 그래도 나는 할 말이 없다. 펭귄의 나라에서 펭귄이 볼일을 본다고 시비를 걸 수 없기 때문이다.

이곳 펭귄 공화국에서 자연과 인간의 어울림을 보았다. 그리고 이곳을 펭귄 공화국이 되도록 만든 남아공 사람들의 노력을 확인할 수 있었다. 그들은 인간의 접근과 자연의 훼손을 최소화하여 펭귄의 보금자리를 간섭하지 않도록 하였다. 자연친화적 정책으로 펭귄이 사람을 두려워하지 않고 다가오게 되었다. 이 볼더스비치에서는 희망적인 인류의 미래가 보인다. 자연 없이는 인류의 삶도 존재할 수 없다. 인간과 자연의 공존, 생물 종의 다양성, 지속가능한 발전의 가능성이 보인다.

시몬스타운 희망봉으로 가는 길목

시몬스타운(Simon's Town)은 희망봉반도의 메인 도로를 지나 케이프포인트와 희망봉으로 가는 갈림길에 있는 도시로, 인도양을 바라보고 자리한 자그마한 항구 도시이다. 도시명은 케이프 식민지의 총독인 시몬 판 데르 스텔(Simon van der Stel)에서 유래하였다.

해안을 따라서 시가지와 철도가 형성되어 있다. 해안가에는 기차역(Simon's Town Station), 시몬스타운 박물관(Simon's Town Museum), 남아공 해군박물관(South African Naval Museum), 요트 클럽(The False Bay Yacht Club), 시몬스타운 해군기지(Naval Base Simon's Town), 시포스비치(Seaforth Beach) 등이 있다. 항구에는 인도양의 먼 바다와 가까운 바다를 오가는 배들이 드나든다. 이곳 해군기지는 200여 년 전부터 자리하고 있다.

해안을 오가는 도로에서는 개코원숭이 가족을 쉽게 볼 수 있다. 도로 위를 느리게 거니는 그들의 모습에서 여유가 묻어난다. 그러나 속도를 채 늦추지 못한 자동차에게 이들은 위협적인 요소다. 이 길을 달릴 때는 도로가 너무 한적하다고 해서 방심해서는 안 된다. 언제 어디에서 야생동물들이 나타날지 모르기 때문이다.

희망봉 자연보호구역 인류의 오래된 미래를 보다

케이프포인트와 희망봉을 가기 위해서는 테이블마운틴 국립공원의 희망봉 요금소를 지나야 한다. 이곳에서 입장료를 내고서 왕복 2차선의 도로를 따라서 진입하면 곧바로 드넓은 평원이 펼쳐진다. 평원 너머로 인도양이 눈에 들어온다. 넓은 해안 평원에는 작은 덤불이라는 뜻을 가진 핀보스(fynbos) 관목이 빼곡하게 자라고 있다. 키 작은 관목 군락은 독특하고 아름다운 장관을 연출한다. 남아공 정부는 이곳을 포함하여 케이프반도의 거의 절반을 희망봉 자연보호구역(Cape of Good Hope Nature Reserve)으로 지정하였다. 약 77km²의 자연보호구역에는 1,100종 이상의 식물과 200종 이상의 조류가 서식하고 있다. 서쪽으로는 슈스터스베이(Schuster's Bay)에서 동쪽으로는 스미츠윈켈베이(Smitswinkel Bay)까지 40km에 걸쳐서 다양한 식생군락을 형성하고 있다. 이곳은 식물 종이 다양하며, 식생이 밀집 분포하고, 다수의 남아공 고유종 식물 등을 보유한 케이프의 식생 왕국으로 인정되어, 2004년 케이프 식물구계 보호구역(Cape Floral Region Protected Areas)이라는 이름으로 유네스코 세계유산 목록에 포함되었다.

바다에서 불어오는 거친 바람에도 끄떡하지 않을 정도로 강하게 자란 관목들 사이로 자동차 도로가 건설되어 있다. 직선이 아닌 곡선의 길을 따라서 유유자적 길을 달린다. 달리는 자동차에서 이곳이 반도임을 금방 알 수 있을 정도로 육지의 끝이 시야에 들어온다. 도로의 양옆으로는 바다가 펼쳐져 있다. 인도양과 대서양으로 사람들이 인위적으로 바다를 나누어 놓았지만, 바다는 그 구분에 관심을 두지 않는다. 바다는 그저 바다일 뿐이다.

도로를 적당한 속도로 시원한 바람을 맞으며 달리다 보면 희망봉 자연보호구역의 주변 경관을 더욱 섬세하게 만끽할 수 있다. 여름에는 들꽃이, 겨울에는 초록의 잎이 들녘을 지배한다. 손가락 두께의 관목들이 모여서 연출하는 식생경관 사이로 동물들이 서식한다. 숲에서는 새들을 비롯한 각종 동물들이 생명을 잉태하여 종족 번식을 한다. 그래서 이 숲은 지구 생태계의 지속가능성에 큰 기여를 하고 있다. 레이첼 카슨은 『침묵의 봄』에서 무분별하게 파괴되는 생물계에 대해 역설적으로 자연이 침묵하고 있다며 경각심을 불러일으켰지만, 이곳에서만큼은 자연이 침묵하고 있지 않다. 인류의 나아갈 바를 말해 주고 있다. 그 외침을 들을 수 있는 자만이 들을 것이다.

케이프포인트
아프리카 대륙의 최남단에서 인도양과 대서양이 만나다

희망봉 자연보호구역의 관목 숲길을 따라서 남아공 케이프반도의 남쪽 끝으로 향하였다. 숲길의 이정표를 따라 달리면 케이프포인트 (Cape Point), 즉 바다 쪽으로 톡 튀어나온 땅 케이프곶이 나온다. 남아공 케이프반도의 최남단 지점이다.

입구에 도착하면 케이프포인트임을 알리는 안내판이 있다. 안내판은 케이프포인트가 동경 18°29′51″, 남위 34°21′24″에 위치해 있음을 알려 준다. 사진 3-9 케이프포인트 언덕의 정상(249m)은 걸어서 올라가거나 케이블카를 타고 올라갈 수 있다. 케이블카를 타고 오를 경우 1859년에 제작한 450명 정원의 플라잉더치맨 케이블카(Flying Dutchman Funicular)를 타게 된다. 그러나 걸어서도 얼마 걸리지 않을 정도로 언덕이 낮다. 이 언덕은 화강암 암석 절벽으로 구성되어 있으며 암석에는 절리와 층리가 잘 발달되어 있다. 두 대양의 거친 파도가 주변 지형에 강하게 몰아친다. 거친 결을 드러내고 있는 황갈색의

3-9 케이프포인트 안내판

화강암 지형이 인상적이다.

　케이프포인트는 희망봉반도의 끝 지점에 위치해 있다.사진 3-10 대항
해 시대를 연 바르톨로메우 디아스(Bartholomeu Diaz)는 이곳이 아프
리카 대륙의 남단인줄 모르고 항해를 했다. 그는 케이프포인트를 돌아
서 인도양으로 접이든 후 좀 더 항해를 하여 모셀시티(Mossel city)에
닻을 내렸다. 그래서 케이프포인트는 디아스포인트(Dias Point)라고
도 한다. 디아스는 1488년 이곳을 되돌아가면서 '폭풍의 언덕(Cape of
Storms)'이라고 명명하였다. 이후 수백 년 동안 이 부근을 지나는 항해
자들은 이곳의 거친 파도와 암초 주변에 좌초된 난파선들에 관한 이야
기를 전해 들으면서 두려워했다. 이곳은 암초가 많고 파도와 바람이 거
친 데다 자주 짙은 안개가 발생하는 곳이었기 때문이다.

　케이블카 내리는 곳에서 계단 길을 오르면 희망봉 등대가 나온다.

3-10 대서양과 인도양을 나누는 케이프포인트

케이프포인트의 정상인 249m 높
이에 있는 이 등대가 제작된 것은
1860년이다. 하지만 자주 배가 난
파되었고, 1911년에는 등대 바로
밑 암초에서 포르투갈의 루시타니
아 호가 좌초되었다. 그래서 1919
년에 이보다 낮은 해발 87m의 디
아스포인트에 새로운 등대가 만들
어졌다. 케이프포인트에는 주변에
서 난파된 스물여섯 척의 배들 중
두 척을 만날 수 있도록 난파선 트
레일 코스도 만들어져 있다.

3-11 케이프포인트의 이정표

　희망봉 등대에서는 대서양과 인도양을 동시에 볼 수 있다. 케이프포
인트의 언덕은 인간이 나눈 대서양과 인도양의 자연 경계 기점이다.
이곳에서 인도양과 대서양이 맞닿아 있다. 그래서 케이프타운 일대에
서는 인도양과 대서양을 상징하는 '투오션스(Two Oceans)'라는 상호
를 자주 접할 수 있다. 또한 여기에는 세계 주요 도시들의 방향과 거리
를 알려 주는 이정표가 있다. 사진 3-11 이 이정표는 나무 기둥에 철제 표
지판을 달아 둔 것으로, 베를린 9,575km, 리우데자네이루 6,055km,
예루살렘 7,468km, 남극 6,248km, 뉴욕 12,541km, 파리 9,294km 등
그 거리가 적혀 있다. 스마트한 시대에 가장 아날로그한 표지판임에
틀림없지만, 아프리카 대륙의 남단인 케이프포인트에서 전 세계로 이
어지는 네트워크를 생각해 보게끔 했다.

희망봉 붉은빛으로 물들다

케이프포인트에서 북쪽으로 발길을 돌려 희망봉으로 향하였다. 인도양 쪽에서 대서양 방향으로 발길을 돌려 가는 길, 반도의 끝에서 광활한 평지가 보이더니 이내 푸른 바다가 나타난다. 해변을 달리는 도로는 미끄러지듯 나를 희망봉으로 안내해 준다. 이곳이 희망봉임은 사람들이 북적이는 것으로 금방 알 수 있었다. 입구에는 낮은 초지가 있고, 오른편 해변에는 대서양이 하얀 포말을 쏟아 냈다. 해변의 몽돌들은 바다에서 밀려오는 파도의 힘으로 서로 부딪쳐서 둥그레지고 있다. 주변 언덕은 주황색 토양으로 가득하다. 석양의 태양을 머금은 적색 토양은 그 붉기를 더하고 있다.

석양의 붉은 기운을 담은 희망봉 안내 표지판이 눈에 들어왔다. 안내판은 세 개로 제작되어 있었다. 좌우 안내판에는 영어 'Cape of Good Hope'와 아프리칸스어 'Kaap Die Goeie Hoop'이 각각 쓰여 있다. 그리고 그 밑에는 작은 글씨로 '아프리카 대륙의 가장 남서쪽의 지점'이라는 문구가 각각 적혀 있다. 사진 3-12 과거에는 모두 영어로만 되어 있던 안내판이 두 언어로 수정된 것이다. 그리고 가운데 안내판에는 희망봉의 경위도인 동경 18°28′26″, 남위 34°21′25″가 표시되어 있다.

안내 표지판 뒤로 희망봉이 보였다. 희망봉은 황갈색의 암석지형이다. 해안의 평원에 희망봉 언덕이 솟아 있다. 화강암은 석양의 기운으로 더욱 붉게 보였다. 절리와 층리 사이로 적색의 기운이 더해졌다. 차별침식의 전형을 보여 주기에 충분하다. 해안에는 멋진 산책로가 조성되어 있다. 대서양의 거친 파도가 희망봉으로 밀려왔다. 하얀 포말에

3-12 희망봉과 희망봉 표지판

갈매기가 화들짝 놀라 날아가곤 한다.

거친 암석 봉우리 뒤로는 얕은 토양을 자양분 삼아 초지가 형성되어 있다. 이곳은 얼룩말, 타조, 비비(개코원숭이) 등 다양한 야생동물들이 살고 있는 자연보호구역이다. 석양이 황갈색의 희망봉 언덕을 노을빛으로 물들였다. 내 앞에서 야생 타조들이 석양에 늦은 저녁 식사라도 하듯 부지런히 풀을 뜯고 있었다. 사진 3-13 거기에 칠면조와 원숭이도 한몫을 한다. 곧 어둠이 내리고 저녁이 깊어질 것임을 알기 때문에 서둘러 저녁 준비를 하고 있는 것으로 보였다. 야생동물들은 이곳이 자연보호구역임을 실감나게 해 준다.

태양은 대서양에 붉은 노을을 토해 내고 장렬히 최후를 맞는다. 아프

3-13 희망봉 주변의 야생 타조

리카 대륙의 붉은 태양이 하루를 마감하며 붉은 빛을 남긴다. 사진 3-14
문득 '황소 80'의 '불놀이야'라는 노래가 떠올랐다.

> 저녁노을 지고 달빛 흐를 때 작은 불꽃으로 내 마음을 날려봐. 저 들
> 판 사이로 가며, 내 마음의 창을 열고, 두 팔을 벌려서 돌면, 야! 불이 춤
> 춘다 불놀이야!….

땅거미가 질 무렵의 석양은 사람을 황홀하게 만드는 재주가 있다. 얼
굴을 피고드는 붉은 노을에 기대어 희망봉과 함께 많은 생각에 잠겼
다. 그러나 여행객의 마음은 바쁘다. 붉은 노을이 채 지기도 전에 갈 길

3-14 희망봉 앞바다의 낙조

을 재촉해야 한다. 나그네 된 자의 숙명이다.

희망봉 대항해 시대의 역사적 현장을 보다

아프리카 대륙, 남아공 끝단을 찾아가는 가장 큰 목적은 희망봉을 만나기 위함이다. 세계지리와 세계사 과목에서 지리상의 발견을 배울 때 희망봉을 배운다. 아프리카에 대한 수업 내용은 잊더라도 희망봉만은 잊지 않고 기억한다. 그래서 많은 사람들이 큰 기대를 가지고 희망봉을 찾는다.

바르톨로메우 디아스는 1487년 8월 두 척의 카라벨과 한 척의 식량선을 이끌고 출범하여 아프리카 남단을 통과했다. 이 여행에서는 희망봉을 보지 못했지만 해안선이 북동쪽으로 향하고 있음을 알고 만족했다. 그리고 부시먼(Bushman)강의 정확히 동쪽에 비석을 세워 그곳을 파드람곶(Cabo do Padram)이라고 명명하고, 남위 33도의 그레이트피시(Great Fish) 강에서 되돌아왔다. 귀국하는 도중에 아프리카 대륙 남단의 곶에도 비석을 세웠는데, 그곳은 주앙 2세에 의해서 희망봉(Cabo de Boa Speranza)이라고 명명되었다. 왜냐하면 이를 통해 '인도 발견에 대한 커다란 희망'이 주어졌기 때문이다. (스켈톤, 1995)

희망봉은 중상주의 대항해 시대의 상징이다. 희망봉과 떼려야 뗄 수 없는 사람인 바르톨로메우 디아스는 포르투갈을 출발하여 대서양과 적도를 가로질러 아프리카 대륙의 끝자락인 희망봉까지 왔다. 희망봉을 첫 번째로 항해한 디아스는 이곳 주변을 상륙하기에 적절한 곳으로 보았고, 그곳에 돌 십자가를 세워서 영역을 표시하였다. 그리고 희망봉을 돌아 인도양으로 향하였다. 그래서 최초로 희망봉을 넘어선 항해자가 되었다. 그는 가던 길을 되돌아서 포르투갈로 가려고 했지만 도중에 희망봉 근처에서 사망하였다.

포르투갈은 디아스가 죽은 지 10년 후인 1497년 동방으로의 전진을 재개하였다. 바스쿠 다가마(Vasco da Gama)를 통하여 새로운 항해 루트를 뚫으려고 시도하였다. 그에게는 캘리컷과 말라바르(Malabar) 해안의 거대한 향료 시장으로 가라는 훈령이 내려졌다. 바스쿠 다가마는 3개월 동안 대서양을 항해한 뒤에 희망봉을 돌아서 동아프리카 해안을 북상하여 1498년 5월 인도의 캘리컷에 도착했다. 그는 콜럼버스나 마젤란과 마찬가지로 초기 유럽의 정복자로서의 역할을 톡톡히 했다.

포르투갈은 당시 강국인 동쪽과 북쪽에 자리한 스페인을 피해 서쪽으로 관심을 가졌다. 대서양에 인접한 항구들을 활용하여 밖으로 진출할 수밖에 없었다. 이는 곧 포르투갈의 항해업을 크게 발전시키는 동시에 해외로 세력을 확장하는 중요한 계기가 되었다. 포르투갈이 서쪽으로 항해를 시도한 의도는 세 가지였다. 첫째는 전설에 나오는 기독교 왕 프레스터 존을 찾아 그와 연맹을 맺음으로써 기독교 세력을 확장시켜 이슬람 세력을 견제하고 공격하는 것이었다. 또한 당시에는 노예무역이 아주 활발하여 많은 사람들이 이를 통해 부를 축적했는데, 이러한 노예무역으로 돈을 벌겠다는 의도가 있었다. 셋째는 식민지 건설을 통해 포르투갈의 영토를 넓히는 것이었다.

한때 우리는 별다른 고민 없이 바르톨로메우 디아스나 바스쿠 다가마 등의 항해를 두고 지리상의 발견이라고 불렀으며, 교과서에도 그렇게 나와 있었다. 이는 지극히 유럽 중심 세계관이 반영된 것이다. 지금은 교과서에 지리상의 발견 대신에 '대항해 시대'라고 표현한다. 과거보다는 완화되었어도 여전히 유럽 중심의 표현임은 분명하다.

희망봉은 대항해 시대에 새로운 가능성을 열어 주었다. 디아스는 이곳을 돌면서 대서양의 끝이자 인도양의 시작을 보았을 것이고 희망으로 가득한 항해를 꿈꾸었을 것이다.

디아스는 희망봉을 지나면서 중상주의를 넘어서 제국주의를 열었다. 그를 이은 바스쿠 다가마는 아프리카 연안과 인도에서 학살과 약탈 행위를 자행하였다. 이후 유럽의 대대적인 약탈의 역사가 시작되었다. 특히 세월이 흘러 네덜란드 동인도회사는 향신료를 구입한다는 명분으로 인도, 인도차이나 반도, 말레이반도와 인도네시아 등 인도양 곳곳을 누볐다. 유럽은 아프리카와 아시아의 약탈을 통하여 성장을 하였다. 단순한 무역의 수준을 넘어서 식민지 건설로 제국주의는 꽃을 피웠다. 아프리카, 아시아, 아메리카 대륙에는 지금도 그 역사의 상처와 흔적이 남아 있다. 특히 케이프타운 일대에서는 말레이반도, 인도네시아 등지에서 끌고 온 주민들을 노예로 사고팔았으며, 그들은 식민지 점령자들의 농장과 가정에서 하인으로 살아갔다.

희망봉은 누군가에게는 희망이었지만 또 다른 약자에겐 절망의 상징이다. 희망봉은 모든 항해를 일컫는 일종의 상징이지만 약탈의 역사적 현장이기도 하다. 그러나 역사는 늘 승자의 편이다. 그래서 유럽과 유럽의 항해자들이 저지른 잔인한 만행이 대항해나 지리상의 발견 등으로 미화되어 역사적 공헌으로 기록되어 오고 있다.

Chapter 4

와인루트에서
포도밭 경관에 빠지다

남아공은 세계적인 와인 생산국 중 하나이다. 특히 케이프타운의
동쪽에 위치한 스텔렌보스(Stellenbosch), 팔(Paal), 프랑슈훅(Fran-
schhoek), 서머싯웨스트(Somerset West), 웰링턴(Wellington) 등지
는 와인 농장이 집중적으로 분포하며 와인랜드(wine land)라고 불린
다. 남위 22°에서 35°사이에 위치한 이곳은 여름철에 고온 건조하고
겨울철에 비가 많이 오는 지중해성 기후를 띤다. 덥고 건조한 날씨는
포도 재배에 최적의 조건이다. 케이프타운에서 이 지역을 잇는 길이
와인루트(Wine Route)이다. 내셔널지오그래픽은 와인루트의 풍경을
이렇게 묘사하고 있다.

스텔렌보스의 가로수 길과 역사적 건물들은 17세기로 거슬러 올라간
다. 이 도시를 중심으로 한 케이프주 와인루트는 다채롭고 아름다운 풍
경, 흥미로운 문화사, 미각을 유혹하는 다양한 와인 등으로 우리를 유
혹한다. 백 군데 이상의 와인 농장이 일반에 개방되어 있어서 다양한
포도 품종으로 만든 와인을 맛볼 수 있다. (내셔널지오그래픽, 2010)

스텔렌보스 와인루트의 중심 도시

케이프타운에서 스텔렌보스로 가는 길, 우선 하룻밤을 묵게 될 스텔
렌보스의 초입에 위치한 쿨티버로지(Coultivor Lodge) 포도 농장으로
향했다. 사진 4-1, 4-2 주변은 온통 포도밭이다. 농장의 위치를 찾지 못해
서 한참을 헤매는데, 농장 주변에서 놀던 동네 아이들이 낯선 이의 방

4-1 쿨티버 와이너리 전경

4-2 쿨티버 와이너리 게스트하우스

문에 호기심을 보였다. 아이들은 길을 묻는 나에게 해맑은 표정으로 달려와 친절을 베풀어 주었다. 그들은 내가 행여 길을 잘못 찾을까 염려하며 동행했다. 그들의 표정 속에서 순진무구와 천진난만함을 볼 수 있었다.

포도 농장 주인은 포도원의 집을 숙소로 내놓아 손님을 받고 와인과 농장 체험을 제공하고 있다. 농장의 수입은 포도 농업과 이를 활용한 관광산업으로, 농장은 소위 6차 산업의 현장이다. 포도 농장에서 하루 잠을 청하고, 이른 아침 일어나 주변을 산책했다. 아프리카 남쪽 나라의 아침 햇살이 나의 얼굴에 쏟아졌다. 철지난 포도나무 잎이 아침 이슬을 머금고 때론 선명하게, 때론 실루엣으로 나에게 다가왔다. 아침 이슬의 촉감을 발길에 얹으며 멀리 그리고 가까이 포도원의 아침 고요를 즐겼다. 농원에서 제공하는 깔끔한 아침 식사를 한 후 다시 여장을 꾸려 스텔렌보스 시내로 향하였다.

스텔렌보스는 케이프타운에서 동쪽으로 46km 정도 떨어진 곳에 위치해 있다. 도시 이름은 1679년에 케이프 식민지의 총독인 시몬 판 데르 스텔(Simon van der Stel)에서 비롯되었으며, '스텔의 숲'이라는 뜻을 가지고 있다. 에르스테 강 유역에 위치하고 있는 이 도시는 케이프타운에서 1번(N1) 고속도로와 304번(R304) 국도를 이용하여, 그리고 2번(N2) 고속도로를 이용하는 경우에는 33번 출구로 접근할 수 있다.

스텔렌보스는 초입부터 차분한 인상을 주었다. 침식을 많이 받은 산지가 주변을 둘러싸고 있는데, '스텔의 숲'이라는 지명에 어울리지 않게 산에는 식생이 많지 않았다. 주변에 까까머리를 한 높은 산들이 펼쳐져 있고, 산과 산 사이에 평원이 자리하고 있다. 사람들은 평원에서 포도밭을 일구며 살고 있다. 도로는 평원의 중심으로 나 있다. 차들이 드문드문 달리는 2차선의 도로가 한가로워 보였다. 도로의 좌우로 포도 농장이 줄을 서서 도열해 있다. 달리는 차에서 보면 포도나무가 줄을 서서 지나가는 차를 뒤따라오는 듯하다.

스텔렌보스 시내에 들어서니 19세기 말에 지은 집들이 고즈넉하게 자리하고 있다. 고층건물들은 없었으나 키 작은 네덜란드풍의 건물과 주택만으로도 이곳은 충분히 매력적이다. 가로수와 정원수로 심어져 있는 참나무도 인상적이다. 고목에 가까운 참나무가 도시 전체에 즐비하다. 스텔렌보스의 별칭이 '오크시티(Oak City)'임이 실감 났다.

이곳은 언뜻 보아도 아프리카가 아닌 유럽처럼 보였다. 도시에서는 다양한 카페, 광장, 교회 등을 쉽게 볼 수 있다. 기독교를 배경으로 성장한 도시의 중앙에는 교회 건물이 들어섰고, 그 주변에는 광장과 관공서가 자리한다. 우리나라의 전통 도시에서 객사, 동헌 등이 마을의 중앙에 자리 잡은 것과 같은 원리이다. 스텔렌보스의 도시 구조도 예외는 아니다. 넓지 않은 도로는 여행자에게 편안함을 느끼게 해 주었다. 가고자 하는 곳을 한눈에 쉽게 찾을 수 있을 정도로 도시의 규모는 크지 않다.

스텔렌보스의 건물은 하얀 벽면, 격자형 창문, 창문의 나무 덧문, 나무 혹은 억새로 이은 지붕, 아치 형태의 출입구 등을 가지고 있다. 급하지 않은 지붕의 경사, 출입구의 높은 곳에 적힌 건축 연도, 곡선의 장식 문양도 눈에 띈다. 사진 4-3 보통 집에는 연수가 오래된 참나무가 심어져 있고, 건물에는 포도와 포도나무 넝쿨 장식이 곁들여 그려져 있다.

카페나 레스토랑은 손님을 위하여 건물 앞에 메뉴판을 내놓았다. 하얀 분필로 쓴 메뉴와 가격에 정감이 간다. 여행 전문작가인 푸생 부부는 이곳의 인상과 느낌을 다음과 같이 표현했다.

1680년에 세워진 스텔렌보스는 최초의 내륙 도시로, 물결무늬 박공과 나이를 알 수 없을 만큼 오래된 등나무 베란다를 갖춘 수백 년 된 전원주택들이 줄지어 늘어선 아름다운 거리가 자랑거리였다. 그리고 짚으로 덮인 지붕들과 유럽풍 분위기도 좋고, 게다가 조용하며, 무엇보다 참나무들이 멋졌다. 굉장한 나무들이었다! (알렉상드르 푸생·소냐 푸생, 2009)

사람들이 여행에서 보는 것은 비슷하다. 그리고 때론 그 느낌도 유사하다. 여행객은 보이는 대로 본다. 그러나 서로 보고 싶은 것만을 볼 수도 있다. 여행기는 여행자의 상호주관성과 서로 다른 시각을 확인해 주어서 좋다.

이곳에는 남아공에서 유명한 스텔렌보스 대학교가 있다. 도심에 위치하고 있기 때문에 학교를 찾는 데 어렵지는 않다. 학교 주변은 참나무 가로수가 도열해 있다.사진 4-4 붉은 벽돌 건물들이 학교의 역사를 대변하는 듯하다. 신학교로 시작하여, 지금은 양조학으로 유명한 이 대학교는 안타깝게도 아파르트헤이트를 적극적으로 시행한 역사가 있다. 당시 학교 주변에 있던 말레이 계열의 컬러드 거주지를 폐쇄하는 등 인종 분리 정책에 적극적으로 나섰다. 스텔렌보스 대학교는 홈페이지에 과거의 이런 행위를 밝히고 잘못을 인정하고 있다. 과거를

4-3 스텔렌보스 시내의 교회 모습

4-4 스텔렌보스 대학교 가로수

반성할 줄 아는 것만으로도 용서해 주고 싶은 마음이다. 만델라 대통령의 진실과 화해의 정신을 여기에 적용하고 싶다.

도시 여행은 다양한 경관이나 현상을 한꺼번에 볼 수 있는 장점이 있다. 특히 소도시는 도시를 걸어서 볼 수 있어서 좋다. 도시의 건물, 사람, 역사, 문화 등을 두루 감상할 수 있다. 도보 여행은 도시를 세세하게 볼 수 있는 기회를 제공한다. 섬세한 관찰, 잔잔한 감흥, 작은 것에 대한 관심, 여유로운 거리, 키 작은 집 등이 여행을 풍요롭게 해 준다. 스텔렌보스는 이런 것들을 많이 가진 도시이다. 스텔렌보스에서 느린 여행을 즐겨 보길 권한다.

스텔렌보스에서 프랑슈훅까지
와인 농장의 본산에서 포도주에 취하다

스텔렌보스에서 와인이 생산되기 시작한 것은 케이프 주 최초의 네덜란드 통치자 얀 판 리베크가 1655년 이곳에 포도밭을 조성할 때부터다. 당시 케이프주는 네덜란드 동인도회사의 식량 공급 기지로서 네덜란드인들이 정착하는 중이었다. 그러다 1680년에서 1690년 사이에 프랑스의 위그노 교도들(프랑스에서 추방당한 신교도들)이 이곳에 도착하면서부터 와인 산업이 번성하기 시작했다.

스텔렌보스는 와인루트의 중심도시이다. 스텔렌보스 와인루트는 남아공에서 가장 오래된 와인루트로 1971년에 시작되었다. 다른 와인루트 내의 양조장들과 마찬가지로 여행객들에게 적은 돈을 받고 와인 양조장 견학이나 와인 테스팅 프로그램을 제공하고 있다. 오늘날 와인 농장주들은 과거 와이너리 플랜테이션을 경관농업과 관광산업을 연계시켜 변신을 시도하고 있다. 오래된 주인집은 고급 레스토랑이나 카페, 여행객 숙소 등으로 개조하고, 넓은 포도밭은 가족이나 관광객의 체험 장소로, 잔디밭은 소풍의 장소 등으로 활용하고 있다. 포도주를 만들어 맛을 보게 하고 이를 판매하는 것도 빠질 수 없다.

스텔렌보스에는 스피어(Spier), 워터포드(Waterford), 르룩스(Le Roux), 베르헬리헨(Vergelegen) 등의 와이너리가 있다. 특히 스텔렌보스 부근의 루스텐버그 포도 농장(Rustenberg vineyard)에서는 남아공 최고의 보르도 와인을 생산하고 있다.

베르헬리헨 와이너리 와인 플랜테이션의 역사를 가진 농장

스텔렌보스를 빠져나와 서머싯웨스트로 향하였다. 서머싯웨스트는 헬더버그 산맥과 대서양 사이에 위치하고 있다. 이곳도 와이너리로 유명한 지역이다. 서머싯웨스트에 가기 전에 있는 와이너리들 중 가장 유명하다고 할 수 있는 베르헬리헨 와이너리를 찾아갔다. 약 300년의 전통을 가진 이곳은 만델라 대통령과 클린턴 미국 대통령이 방문을 했고, 영국의 엘리자베스 2세 여왕이 찾은 곳으로도 유명하다.

포도 농장 입구에서부터 거대한 참나무와 초록의 평원이 우리를 맞이했다. 입구에서 입장료를 내고 들어가면 곧바로 포도주 시음장으로

4-5 허브정원　■■■　4-6 농장 저택
4-7 노예의 집 터　■■■　4-8 농장 레스토랑

이어진다. 시음장을 지나면 장미정원, 허브정원사진 4-5이 있고 식당,
전시관, 저택사진 4-6, 노예의 집(slave lodge), 종탑 등의 시설이 있다.
　전시관인 매너하우스(Manor House)에는 이 농장의 역사를 보여 주
는 사진과 기구들이 전시되어 있다. 당시에는 넓은 농원의 플랜테이션
경작을 위해 인도네시아, 말레이 등에서 끌려온 노예들이 많이 있었

다. 전시관 벽에는 노예들의 출신지가 잘 정리되어 있으며, 당시 노예의 집도 사진으로 볼 수 있다. 저택에서 멀리 떨어진 농지 곁에 맞배지붕으로 지은 노예의 집은 사라졌고, 지금은 그 터만 남아 있다.사진 4-7

현재 이 와이너리는 주변 주민들의 소풍 장소로도 활용되고 있다. 입장료 20랜드에 충분한 전원생활을 즐길 수 있으며 식당에서는 각종 음식과 차를 즐길 수 있다.사진 4-8 특히 스테이크가 유명하다. 이곳도 여느 포도 농장과 마찬가지로 상업화를 지향하고 있다. 관광 농원화를 통하여 얻는 수익이 포도 농사를 짓는 것만큼이나 좋은 수입원이 되고 있기 때문이다.

팔과 프랑슈훅 와인루트의 소중한 마을들

와인루트의 도시 중에는 팔과 프랑슈훅도 유명하다. 먼저 팔은 1번 (N1) 고속도로의 55번 출구로 접근할 수 있다. 팔은 네덜란드어로 '진주'라는 의미로 보석과 같이 소중한 도시임을 알 수 있다. 이곳은 남아공의 와인 국영협동조합이 있을 정도로 주요 와인 생산지이다. 팔에서는 페어뷰(Fairview), 니더버그(Nederburg) 농장 등이 유명하다.

프랑슈훅은 남아공의 작은 프랑스이다. 1685년 프랑스에서 낭트칙령이 철폐되면서 종교의 자유를 찾아서 온 신교파 위그노들이 정착한 마을이다. 프랑스의 앙리 4세는 1598년에 신교파인 위그노에게 조건부 신앙의 자유를 허용하는 낭트칙령을 발표하여 약 30년간의 종교전쟁을 종식시켰다. 하지만 위그노를 보호했던 낭트칙령이 철폐되자, 이

곳으로 망명하여 교회를 세우고 학교를 지어 교육을 시켰으며, 프랑스의 문화와 전통을 이으려 노력했다. 그래서 이곳 지명도 프랑스를 뜻하는 프랑슈(Fransch)에 네덜란드어로 '숨겨진 곳, 쑥 들어간 곳, 모퉁이, 외진 곳'이라는 의미의 훅(hoek)이 더해져서 '프랑스 사람들이 숨은 곳'이 되었다.

프랑슈훅에는 위그노 기념관(Huguenot Monument), 루벤(Reuben) 레스토랑, 보스헨달(Boschendal) 와인 농장, 브레드앤와인(Bread & Wine) 농장, 로마린스(L'Ormarins) 농장 등이 있다.

아프리카 와인 농장 기독교가 전 세계에 포도나무를 전파하다

유럽의 아프리카 침략은 많은 사람들을 이동시켰다. 사람은 자신의 문화를 가진 존재이며, 종교도 그 문화의 일부이다. 문화의 담지자는 그들의 문화를 전승하고자 하는 욕구를 지니고 있다. 다른 곳으로 이동하는 경우 사람들은 그들의 문화를 그대로 지닌 채 이동한다. 그리고 이동 장소에서도 그들의 문화적 행위를 실천하려 하는데, 그중에서도 종교 의식은 하루도 소홀히 할 수 없는 문화행위라고 할 수 있다.

기독교에는 '빵은 그리스도의 몸이요 포도주는 그리스도의 피'라는 의식이 있다. 그래서 기독교인은 어느 곳을 가나 포도나무를 심고 포도주를 만든다. 그러면서 자연스럽게 포도나무와 포도주는 기독교인의 이동과 함께 세계로 전파되었다. 이곳 와인루트의 포도 농장도 그와 같은 전파의 결과이다. 이런 문화 전파를 이전 전파라고 한다.

기독교 전파와 포도 전파는 같은 시기와 경로를 가졌다. 즉 기독교인이 있는 곳에 포도주가 필요했고, 포도주를 얻기 위하여 포도나무를 심었다. 지중해성 기후에서 자라나기 적합한 포도나무는 전 세계 온대 기후에 적응하여 다양한 종으로 진화하였다. 남북아메리카, 아프리카, 아시아, 오세아니아 등의 포도 농장은 이런 과정으로 전파되었다. 우리나라의 포도 전파도 이와 같다. 프랑스 출신의 기독교 선교사인 공베르 신부가 포도나무를 들여와 경기도 안성 지역에 심었다. 그 후 포도는 전국적으로 확산되어 우리나라 사람들이 즐겨 먹는 과일 중 하나가 되었다. 이렇듯 종교와 문화는 밀접한 관련이 있고, 포도와 포도주는 이런 배경으로 전파가 이루어졌다.

콘스탄티아 남아공 와인의 본산

콘스탄티아(Constantia)는 케이프타운 도심에서 20km 떨어진 곳으로, 포도밭으로 유명한 지역이다. 오래전에 유럽 이주자들이 정착하여 개발한 곳이다. 케이프 식민지의 첫 총독인 시몬 판 데르 스텔이 1685년 이곳을 경작하기 시작하였다. 콘스탄티아라는 지명은 스텔 총독의 부인 이름 '콘스탄트'에서 유래하였다. 오늘날 콘스탄티아는 케이프타운 부근에서 생산하는 디저트 와인을 뜻하기도 한다.

콘스탄티아는 식민의 유산을 간직하고 있는 지명이다. 지명은 역사뿐만 아니라 그 지역의 자연, 문화 등 가장 상징적인 요소를 담고 있다. 인위적으로 만들기도 하지만 오랜 역사를 가진 지명일수록 그 인위성을 파악하기는 어렵다. 남아공에는 식민 시절 붙여진 지명이 많다. 그래서 만델라 대통령의 집권 이후 남아공 정부는 네덜란드와 영국의 식민 지명을 남아공의 고유 지명으로 바꿔 가고 있다.

콘스탄티아 지역은 남아공에서 최초로 와인 농장이 시작된 곳이다. 테이블마운틴의 남동사면을 따라 포도 농장이 분포하며, 여기서 포도주를 생산한다. 언덕을 따라서 곳곳에 와인 농장이 펼쳐져 있어서 아름다운 전원 생활을 만끽할 수 있다. 숲으로 이루어진 포도 농장의 담장, 깔끔한 도로, 전원주택 등을 쉽게 볼 수 있다. 그리고 포도 농장의 역사를 알려 주는 고목들이 언덕에 빼곡하게 자라고 있다. 이런 아름다움을 유지하기 위하여 일대는 그린벨트로 지정되어 있다.

차도로 달리는 곳곳에 포도밭이 펼쳐져 있다. 겨울의 철 지난 포도밭은 채 떨어지지 않은 잎과 앙상한 가지로 가득하였다. 이곳의 와이너리는 크게 11개 정도로 이루어져 있으며 대규모 농원을 형성하고 있다. 콘스탄티아의 코트(Court) 지역은 남아공의 부촌 지역이고, 가장 대표적인 와이너리는 그루트 와이너리(Groot Winery)와 클라인 와이너리(Klein Winery)이다. 이 지역의 포도주는 나폴레옹, 소설가 찰스 디킨스와 제인 오스틴을 포함한 유럽 귀족들의 호평을 받았다.

콘스탄티아는 지중해성 기후 지역으로서 여름이 건기, 겨울은 우기이다. 여름의 건기는 비가 적게 오고 아프리카의 태양으로 인해 기온이 높다. 여름의 고온 건조한 기후는 포도나무가 자라기에 좋고 당분을 만들기에 최적의 날씨를 형성해 주어서 이 지역은 포도밭으로 매우 적합한 자연환경을 갖추고 있다. 이곳의 식민 지배자들은 식민정부로부터 대토지를 불하 받아 경지로 만들고 산업화하였다. 초기에는 면화 등을 재배하였으나, 지중해성 기후를 이용한 포도 농업으로 바꾸었다. 그리고 자연스럽게 포도주 산업이 발달하였다.

그루트 와이너리의 'groot'는 크다는 의미이다. 즉 대규모의 포도 농장이라는 뜻을 가지고 있다. 남아공 최초의 와인 농장인 그루트 와이너리는 농장 입구에서부터 압도적인 분위기가 펼쳐진다. 철제 철문으로 만들어진 정문으로 입장하면 차를 타고 농장 사무소로 가는 길에 무성한 가로수와 정원의 장식을 볼 수 있다.사진 4-9 사방에 펼쳐진 포도밭의 포도나무들은 한 줄로 질서정연하게 도열해 있고, 거수경례를 하듯 절도 있는 자세를 취하고 있다. 포도나무의 넝쿨은 옆으로 퍼져 있지 않고 하늘을 향해 만세를 부르는 모습이다.사진 4-10 기계로 포도를 수확하기에 포도나무가 깍두기 모양을 하고 있다. 농장의 기계화로 인건비를 줄이고자 하는 재배 방식이다.

농장은 박물관, 전시관, 포도주 시음장, 레스토랑사진 4-11, 농장 저택사진 4-12 등을 갖추어 농원으로서의 면모를 유지하고 있다. 식당 앞의 오크통 장식은 이곳이 포도주 산지임을 알려 주고 있으며, 키 큰 플라타너스 나무의 반쯤 마른 잎은 포도 농장에 운치를 더해 준다. 많은 사람들이 이곳을 찾아와 포도 농장을 구경하고 와인을 시음한다. 그리고 그보다 더 많은 사람들이 레스토랑을 찾는다. 전원의 아름다움을 눈에 담으며 식사를 즐기려는 사람들로 레스토랑은 초만원이었고 한참이나 줄을 서서 기다린 뒤 들어갔다. 농장의 박물관에서는 농장의 역사를 살펴볼 수 있다. 농장의 초기 개발사, 이곳에 끌려와 일한 노예들의 이름과 생활상이 전시되어 있다. 그리고 농장에서 사용하던 농기

4-9 그루트 와이너리의 입구　　　　4-10 그루트 와이너리의 포도밭
4-11 그루트 와이너리의 레스토랑　　　　4-12 그루트 와이너리 저택

구의 전시실도 갖추고 있다.

그루트 와이너리 다음으로 유명한 곳으로는 클라인 와이너리가 있다. 'klein'은 작다는 뜻으로 이곳은 상대적으로 작은 와이너리라는 의미를 가지고 있다. 이 포도 농장에서는 스위트 와인인 뱅 데 콘스탄스(Vin de Constance)가 유명하며, 나폴레옹이 유배지인 세인트헬레나섬에서 클라인 와인을 마셨다는 일화로도 유명하다. 이곳에 식당은 없

지만 와인 구매는 가능하다.

콘스탄티아의 포도 농장들도 현재 포도주 산업과 함께 관광산업으로 눈을 돌렸다. 그래서 이곳의 포도 농장에는 포도주를 시음할 수 있는 장소가 필수이다. 케이프타운을 여행하는 사람들은 주로 대형 관광버스와 승용차로 이곳을 찾는다. 케이프타운에서 운영하는 시티 관광버스를 이용할 수도 있다. 관광객들은 이곳에서 포도주 시음만 하는 것이 아니라, 포도주를 구입하고 식사도 한다. 100년 이상 된 고택에서 포도주를 마시고 향토 음식을 먹고 지역 특산품을 구입하는 관광 상품은 충분히 매력적이다.

콘스탄티아를 비롯한 남아공의 포도 농장들은 플랜테이션 농업제도를 실시하였다. 이는 대토지 소유제와 노예제를 바탕으로 이루어졌다. 다시 말하여 조방적 농업을 하는 대규모 토지를 바탕으로 값싼 노예 노동력을 이용하는 농업방식이다. 이곳의 노동자들은 인도, 인도네시아, 말레이반도, 필리핀 출신이었다. 이곳을 개발하기 시작한 네덜란드 농인도회사와 지배자들은 아시아의 노동력에 눈독을 들였다. 이미 인도네시아까지 깊숙이 침투한 동인도회사는 아시아 노예시장에 개입하여, 이곳 남아공의 농장으로 아시아인들을 끌고 왔다. 그래서 이곳 포도 농장들의 역사관 자료에는 아시아 출신의 초기 노예 이름과 국적이 다량 수록되어 있다.

농장 주인들은 값싼 노동력과 대토지 소유제를 통하여 농산물의 대량생산을 이루었고 유럽 소비시장에서의 경쟁력을 확보하였다. 그리고 농장에는 대저택을 짓고 노예들을 부리고 식민지를 착취하며 살았다. 하지만 식민지에서 군림하던 지배자들은 식민지에 살거나 식민지 태생이라는 이유로 본국의 권력자나 주민들로부터 무시를 당하기 일 쑤였다. 식민지 농장주들은 더욱 큰 농장을 소유함으로써 본국에 대한 자신들의 열등감을 감추려 했을지도 모른다.

키르스텐보스 국립식물원 지속가능한 남아공의 환경

키르스텐보스 국립식물원(Kirstenbosch National Botanical Garden)은 케이프타운에서 13km 떨어진 테이블마운틴의 남사면에 자리한 국립식물원이다. 남아공에 있는 10개의 국립식물원 중의 하나이다. 키르스텐보스라는 지명은 영국이 식민지의 숲을 재산 목록으로 정리한 때인 1795년에 처음으로 나타난다고 한다. 하지만 이 지명의 유래는 명확하지 않다. 다만 키르스텐 가문과 관련이 있을 것으로 추정하고 있다. 1913년에 설립되어 100년이 넘는 역사를 지니고 있는 키르텐보스 식물원은 남아공의 독특한 자생식물을 보호하려는 목적으로 설립되었다. 해럴드 피어슨 교수가 최초로 그 책임을 맡았고 현재 약 7,000종의 식물과 126종의 조류를 보존하고 있다.

이곳은 1600년대 중반에서 1700년대까지는 동인도회사의 목재 공급을 위한 장소로 쓰였으며, 1800년대에는 클로에테 가문이 소유한 포도 농장으로 사용되었다. 이곳의 마지막 소유자인 존 로드스는 도시개발로 테이블마운틴의 동사면이 파괴되는 것을 막기 위하여 1895년에 이 땅을 9,000파운드에 샀다. 그리고 그는 이곳에 녹나무를 심었다. 로

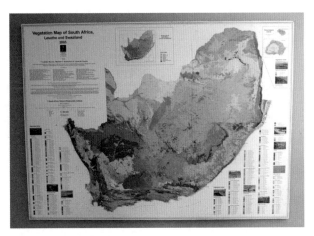

4-13 키르스텐보스 입구의 남아공 식생 분포도

드스는 1902년 사망하면서 키르스텐보스를 국가에 기부하였다.

키르스텐보스의 매표소 입구에는 남아공의 식생 분포도가 게시되어 있다. 지도는 이곳이 지중해성 기후 지역임을 보여 준다. 사진 4-13 이곳의 연평균 강수량은 1,310mm이며 겨울에는 월평균 14일, 가을과 봄에는 10일, 그리고 여름에는 4~5일간 비가 온다. 연평균 기온은 25℃로 2월이 가장 넙고 봄과 가을은 약 18~22℃이다. 이는 하계 고온건조의 전형적인 지중해성 기후 특성이다.

매표소를 지나면 식물원의 온실이 방문객을 맞이한다. 다시 입장 티켓을 제출하고 지나면 곧바로 넬슨 만델라 대통령의 식수 장면을 담은 사진이 보인다. 그는 이곳에 극락조꽃을 식수하였다. 이곳을 지나면 식물원의 캐노피(canopy)가 나온다. 사진 4-14 식물원의 역사를 말해 주듯 고목의 숲이 나무터널을 만들고 있다. 캐노피란 열대 밀림에서 나무들이 태양을 더 많이 받기 위해 경쟁적으로 자라 만들어진 수목경관

4-14 키르스텐보스의 캐노피 길

4-15 캐노피를 설명하는 안내판

을 말한다. 사진 4-15 나무는 본능적으로 햇빛을 받기 위해 키를 키운다. 이곳에서도 하늘 가까이 가서 햇빛을 더 받으려고 높이 자란 나무들이

4-16 키르스텐보스의 붐랑웨이

하늘을 덮고 있다.

캐노피는 키르스텐보스 식물원의 아이콘이다. 무성한 떡갈나무 터널을 걸으면 자연스럽게 트레일 코스로 이어진다. 낮은 경사로를 가진 트레일 코스들 사이에는 꽃, 잔디밭, 관목, 키 큰 수목들이 줄지어 있다. 화려한 꽃들이 가장 눈에 띄고 한가로이 먹이를 찾고 있는 야생 칠면조도 볼 수 있다. 수목원은 원시림같이 무성한 숲과 가지런히 가꾼 인공의 정원이 조화를 이룬다.

식물원에는 옐로우우드(Yellowwood), 브라일(Braille), 헤리티지(Heritage) 트레일 코스, 핀보스(Fynbos) 산책길 등이 있지만, 가장 아름답고 인기가 있는 코스는 센테너리트리캐노피(Centenary Tree Canopy) 산책길이다. 이 산책길에는 나무 위를 걸을 수 있는 붐랑웨이(Boomslang Way)가 있다. 사진 4-16 붐랑웨이는 식물원을 한눈에 볼

4-17 복원된 남아공의 멸종 식물 엘리카

수 있는 산책로와 구름다리로 구성되어 있다. 길 곳곳에 관찰지점을 두고서 식물원의 식생을 안내하는 설명문을 설치하고 있는데 열대, 온대의 각종 수종을 볼 수 있다. 붐랑웨이에서는 테이블마운틴의 아름다운 산사면도 한눈에 보인다.

키르스텐보스 국립식물원의 수목은 기본적으로 인공수림이다. 식물원을 창립한 피어슨 교수가 남아공의 자생식물들을 이곳에 옮겨 심어 조성했기에 이곳은 잘 가꾸어진 정원이라고 볼 수 있다. 한때는 외래종이 많았으나, 시민단체와 수목원 종사자들의 노력으로 지금은 많이 줄어들었다. 한편 식물원은 남아공의 멸종 식물을 보호하는 활동도 한다. 이런 노력으로 엘리카(elica) 복원에 성공하기도 하였다. 사진 4-17

현재 이 식물원의 약 0.5%만이 자생식물인데, 주로 스켈레톤(Skeleton) 골짜기에 분포하고 있다. 이 골짜기에는 하천이 강하게 물소리를 내며 거칠게 흐른다. 식물원에는 남아공의 국화 프로테아로 꾸며진 정원도 곳곳에 있다. 온실에서는 바오밥나무 등 열대 식물이 자란다.

식물원을 돌아서 나오는 길에는 허브 정원, 나무 화석, 참나무 고목 등이 있고, 그 옆에 키가 아주 큰 나무가 있다. 수 미터 높이익 이 나무는 매끄러운 표피와 넓은 가지를 가진 활엽수이다. 나무의 이름은 마

4-18 키르스텐보스의 마호가니

호가니(mahogany)이다. 사진 4-18 마호가니는 열대 밀림의 캐노피를 이루고 있는 나무이며 가구를 만드는 재료로 사용되고 있다.

　이 나무의 이름에는 재미있는 사연이 있다. 아프리카를 찾은 유럽의 식물학자가 이 나무를 보고 원주민에게 그 이름을 물었다. 원주민은 "마호가니"라고 답하였고 그 뒤로 이 나무의 이름은 마호가니가 되었지만, 정작 마호가니의 뜻은 '나는 모른다'이다. 나는 오랫동안 세계지리 수업 시간에 열대 우림을 설명하면서 이 마호가니 나무를 소개하였다. 그런데 나도 이 나무의 뜻을 모른 채 가르쳤던 것이다. 이제 나는 안다, 내가 몰랐다는 것을. 소크라테스 식으로 표현하면, 나는 내가 모른다는 것을 알았다. 더욱 솔직히 표현하면, 나는 내가 모른다는 것을 몰랐었다. 이제라도 마호가니의 뜻을 알게 되어 다행이다.

　키르스텐보스 식물원에는 식당, 기념품 판매점, 전시관, 야외 조

4-19 키르스텐보스의 야외 공연장

각 전시장 등이 있다. 그리고 야외 공연장사진 4-19에서는 매년 여름철
(11월 말~3월 초) 일요일 저녁에 여름 석양 콘서트(Summer Sunset
Concert)가 열린다.

키르스텐보스 국립식물원은 남아공에서 식물 종의 다양성을 유지하
고 자연 환경을 보호하여 지속가능한 생태계를 만들고자 한다. 멸종
위기의 식물을 복원하고 종의 다양성을 유지하여 다음 세대로 이어 주
는 것은 지속가능한 발전을 위한 출발이다. 이곳에서는 자연과의 조
화로운 삶을 유지하는 것이 가장 아름다운 모습임을 가르친다. 자연과
인간이 조화를 이루며 상생하는 우리의 '오래된 미래'가 이곳에 있다.

Chapter 5

가든루트에서
자연 정원을 만나다

남아공 케이프타운에서 인도양의 해안을 따라서 목가적인 풍경이 펼쳐진다. 와인루트와 견줄 만한 이곳은 가든루트(Garden Route)이다. 가든루트에서는 정원처럼 펼쳐진 남아공 남부의 경관을 즐길 수 있다. 창밖으로 보이는 경관은 자동차를 자주 세우게 했다. 2번(N2) 고속도로를 따라서 구릉이 오르락내리락 이어진다. 정원의 길에서는 도로 좌우로 펼쳐진 목장과 초원, 길을 따라오는 전봇대와 전깃줄, 병풍처럼 진을 치고 있는 산과 숲, 강을 따라 펼쳐지는 호수와 해변, 크고 작은 도시 등을 만날 수 있다. 이런 그림 같은 풍경을 마주할 수 있기에 아름다운 드라이브 길이다.

내셔널지오그래픽(2010)은 케이프타운에서 동쪽으로 길을 찾아가던 초기 네덜란드 정착민들에게 이곳 웨스턴케이프 해안은 별천지였다고 설명한다. 인도양의 파도에 씻기고 온화한 지중해 기후로 길러진 비옥한 땅은 성서에 등장하는 에덴동산처럼 보였을 것이고, 그래서 '가든루트'라는 이름을 얻게 되었다. 오늘날 이 지역은 남아프리카공화국에서 가장 인기 있는 관광지 중의 하나가 되었다. 가든루트의 대표적인 장소로는 모셀베이(Mossel Bay), 나이스나(Knysna), 플레튼버그베이(Plettenberg Bay), 치치카마(Tsitsikamma) 등이 있다.

가든루트는 남쪽으로 인도양이, 북쪽으로는 높은 산이, 그리고 중간에는 구릉이 펼쳐져 있다. 높은 산에서 발원한 크고 작은 하천들이 인도양으로 흘러든다. 급경사의 산지를 빠져나온 하천은 상류의 토사를 싣고 와서 인도양에 쌓는다. 그 결과 협곡이 발달했고 해안에는 다양한 퇴적지형이 나타나게 되었다. 가든루트에서는 이런 자연경관의 아름다움을 보는 재미가 좋다.

스텔렌보스에서 모셀베이까지
구릉은 모자이크가 되어 아름답다

　남아공의 인도양 해안가를 달리는 길은 내륙의 구릉에서 펼쳐지는 아름다운 경관을 즐기면서 여행을 할 수 있는 길이다. 2번 고속도로 주변으로 올록볼록한 구릉지가 펼쳐진다. 사진 5-1 사람들은 이 구릉지를 개간하여 농지나 목장을 조성했다. 구릉지의 소유권을 구분짓기 위하여 둑이나 길이 선으로 이어져 있다. 녹색의 목초지에는 양과 소 떼가 한가로이 풀을 뜯고 있다. 이곳은 농장의 규모가 방대하여 목축업은 조방적이며 상업적이다. 개간 지역이어서 나무 한 그루 없이 평원을 이루고 있다. 거대한 원형 스프링클러가 주인의 명령을 기다리며 경지에서 대기하고 있다. 장방형의 경지와 초원이 붉은색, 갈색, 녹색 등의

5-1 2번 고속도로 주변의 구릉

띠를 형성하며 사라졌다 나타나기를 반복한다. 대지에 그린 모자이크처럼 보인다.

　도로변의 목장에는 철사 울타리가 있고, 철망보다 키가 큰 전봇대가 끝없이 줄을 서 있다. 사진 5-2 철망 위에는 가축들이 넘어가거나 야생 동물이나 사람들이 들어오는 것을 방지하기 위해 전기펜스가 설치되어 있다. 자신의 것을 지키기 위해 다른 동물이나 타인의 목숨을 해하지 않길 바란다. 남아공에서는 도시든 농촌이든 어디에서나 전기펜스를 볼 수 있다. 낮과 밤의 치안 정도가 다른 남아공에서 전기펜스는 아마도 타자의 침입을 막아 밤의 안녕을 만들어 줄 것이다. 하지만 전기펜스는 정당방어와 과잉방어의 경계에 서 있다. 부디 남아공의 치안이 확보되어 전기가 밤을 밝히고 사람의 마음을 밝히는 도구이자 통로가 되길 바란다. 남아공의 고속도로를 달리면서 드는 생각이다.

5-2 도로변 목장의 울타리

이곳의 고속도로는 구릉지의 경사와 기복을 그대로 활용해 건설되어, 자동차가 오르내리기를 반복하며 달린다. 도로의 포장이 잘 되어 있어서 자동차가 미끄러지듯 달린다. 이곳이 아프리카가 맞나 싶을 만큼 도로 포장이 양호하다. 아프리카라고 해서 거친 오프로드만을 연상해서는 오산이다. 오르내리는 길을 앞만 보며 긴 시간 동안 운전하는 것은 매우 지루하지만 땅거미가 채 내리기 전에 도로를 달리는 기분은 꽤 좋다. 석양은 몽환적 분위기를 낳고, 강렬한 태양의 여운은 하늘과 땅이 맞닿은 곳에서 붉은 색 기운을 토해낸다.

고속도로에는 운전자가 쉬어 가도록 휴게소가 간간이 세워져 있다. 하지만 휴게소라고 말하기에는 초라하다. 태양을 피할 수 있는 유칼리 나무 몇 그루와 탁자 두어 개만이 덩그러니 놓여 있다. 사진 5-3 꼭 필요한 화장실조차 없다. 아니, 오가는 차가 적으니 사방이 화장실이다. 사

5-3 고속도로의 휴게소

람이 적으니 때론 두렵기도 하다. 적당히 자동차가 오가야 사람들은 어느 정도 편안함을 얻는다. 인적이 드문 휴게소에서 생리적 현상만을 급히 해결하고 길을 뜬다.

짧은 휴식을 마치고 다시 길을 나선다. 나무 없는 길에 나무숲이 보이면 마을이 나타난다. 큰 유칼리나무가 있는 곳에는 하천이 있고 집들이 모여서 마을과 도시를 이룬다. 이제 희망봉을 넘은 바르톨로메우 디아스가 인도양에서 첫발을 내딛은 곳, 모셀베이로 들어선다.

모셀베이 아름다운 해안에서 무진을 떠올리다

모셀베이는 가든루트로 가는 관문이다. 모셀(mossel)은 네덜란드어로 홍합이라는 뜻이 있다. 모셀베이는 홍합이 많이 나는 만이라는 뜻으로, 자그마한 항구 도시이다. 도심이라고 해야 사거리 몇 개가 다지만, 인도양의 아름다움을 담은 항구라는 점은 충분히 인정할 수 있다.

푸생 부부는 사람들이 모셀베이를 찾는 데에는 특별한 세 가지 이유가 있다고 했다. 첫째, 지형 때문이다. 이곳은 북쪽과 마주보고 있어 우테니쿠아 연안 산맥의 경이로운 풍경을 볼 수 있으며, 기복 심한 남극해 대신에 전형적인 지중해의 파도를 만날 수 있는 이 나라 유일의 해변이다. 둘째, 역사 때문이다. 이곳은 유럽인이 밟은 이 나라 최초의 해변이다. 포르투갈인 바르톨로메우 디아스가 희망봉을 돌아 2개월 동안 500km를 항해한 끝에 마침내 이곳 해변에 유럽인 최초로 발을 디뎠던 곳이다. 셋째, 어류생태 때문이다. 해안에서 멀지 않은 곳에서 수

십 마리의 커다란 백상아리들이 물개 떼 주변을 맴돌며 떠나지 않는 모습을 볼 수 있다.

나는 첫 번째 이유를 이른 아침에 확인할 수 있었다. 여행 중에 묵은 집은 모셀베이 언덕에 자리 잡고 있어서 모셀베이의 바다 경관이 한눈에 들어왔다. 아침 식사를 하기 위하여 주인집 식당에 들어섰을 때 그 집 식탁에서 보이는 모셀베이는 참으로 인상적이었다. 통유리로 된 창으로 본 모셀베이의 바다에는 물안개가 자욱하고 그 너머로 산맥의 능선이 아름답게 펼쳐졌다.^{사진 5-4} 해무(海霧)에 젖은 인도양의 아름다운 해안이 운치를 더해 주었다.

모셀베이의 흐린 겨울 바다는 무진기행을 연상하기에 안성맞춤이었다. 김승옥은『무진기행』(2009)에서, "해가 떠오르고 바람이 바다 쪽에서 방향을 바꾸어 불어오기 전에는 사람들의 힘으로는 그것을 헤쳐

5-4 물안개가 자욱하게 낀 모셀베이

버릴 수 없었다. 손으로 잡을 수 없으면서도 그것은 뚜렷이 존재했고 사람들을 둘러쌌고 먼 곳에 있는 것으로부터 사람들을 떼어 놓았다. 안개, 무진의 안개, 무진의 아침에 사람들이 만나는 안개. 사람들로 하여금 해를, 바람을 간절히 부르게 하는 무진의 안개. 그것이 무진의 명산물이 아닐 수 있을까!"라고 표현하였다. 모셀베이에도 안개가 가득하다. 하지만 나는 해를, 바람을 간절히 부르고 싶지 않다. 모셀베이의 아침 해무는 그대로 더 바다에 있었으면 한다. 모셀베이의 안개는 김승옥이 표현한 것처럼, 내가 무엇을 생각하고 어쩌고 하는 게 아니라 어떤 생각들이 나의 밖에서 제멋대로 이루어진 뒤 나의 머릿속으로 밀고 들어오는 듯했기 때문이다. 그 안개를 멀리서 그리고 그 위에서 바라보는 것은 수묵화를 보는 듯한 감동이 있다.

안개가 걷힌 모셀베이에는 해안의 해변, 거친 듯 상냥한 인도양, 밀려오는 파도, 해안을 따라 놓인 철도와 언덕 위의 집들이 수채화처럼 아름답게 펼쳐진다. 사람들이 적은 겨울 바닷가는 갈매기가 주인이다. 해안에는 큰 암석이 분포하고 인도양의 파도는 깊숙한 내해로 들어오면서 순한 양이 되어 잔잔하다.

두 번째 이유는 디아스 박물관(Bartolomeu Dias Museum Complex)에서 확인할 수 있었다. 모셀베이는 디아스가 남아공의 희망봉을 돌아서 첫 상륙을 한 곳으로 유명하다. 디아스는 죽을 고비를 넘기고, 선원들에게 희망을 주며 이곳을 찾았다. 그는 이곳에 발을 내딛기 전 13일 동안이나 표류를 했고 해안선을 찾기 위해 노력하였다.

그러나 며칠이 지나도 해안은 나타나지 않았고, 선원들은 모두들 두려움에 떨었다. 두려움을 가라앉히기 위해 디아스는 모든 선원들에게 자신들이 이미 북아프리카의 최남단을 지나 왔다고 말했다. 과연 뜻하지 않게 탐험대가 방향을 돌려 북쪽으로 항해한 지 사흘 만에 해안선을 발견하게 되었다. 1488년 2월 3일, 이들이 모셀만에 도착했을 때는 이미 아프리카 최남단을 넘어 약 350km를 항해한 뒤였다. (장서우밍·가오팡잉, 2008)

디아스 박물관은 전시관이나 전시품이 썩 좋은 편은 아니지만, 대서양에서 인도양으로 여행을 떠난 디아스가 첫발을 내디뎠다는 사실만으로도 충분히 의미 있는 곳이다. 그러나 역으로 생각하면, 이는 포르투갈의 대륙 침략이 시작됨을 의미하기도 한다.

디아스 박물관 디아스를 따라 항해를 떠나다

모셀베이의 디아스 박물관사진 5-5은 실내 전시관과 실외 전시장으로 구성되어 있다. 전시관으로 들어가는 입구 건물은 그래너리(Granary)이다. 1786년에 동인도회사가 세운 곡물창고를 개조한 것으로, 모셀베이를 소개하는 전시물이 있다. 다시 잔디밭을 지나면 박물관의 주 전시관인 해양박물관(Maritime Museum)이 나온다. 이 전시관은 1901년에 방앗간과 제재소로 건축되었던 건물을 1987년 박물관으로 개조한 것이다. 디아스의 상륙 500주년을 기념하기 위해 포르투갈 정부가 건립했으며, 그 안에는 디아스가 타고 온 배인 카라벨(caravel)을 실제

5-5 디아스 박물관의 입구

크기로 복제해서 전시하고 있다. 사진 5-6 디아스가 탔던 카라벨 배는 선체 위에 삼각돛을 달고 배의 측면이 평평하였다. 이 배는 등 쪽에서 불어오는 순풍(順風)을 조종하는 데는 엄청난 힘이 들었지만, 역풍(逆風)에는 바람을 거슬러 빠르게 항해할 수 있었다. 또한 배의 바닥이 얕기 때문에 연안 항해가 가능했다. 그래서 아프리카 해안을 따라 항해하는 데는 큰 도움이 되었다.

카라벨 배는 전시관의 1~2층 공간을 대부분 차지하고 있었다. 작은 범선을 타고 거친 바다를 건넜을 모습을 상상하니 대단하다는 생각이 들었다. 배 주위 벽면에는 향신료를 얻기 위해 떠났던 초기 항해사를 보여 주는 지도와 자료가 전시되어 있다. 사진 5-7 전시관 2층에는 또 한 명의 항해사 바스쿠 다가마의 일대기가 전시되어 있다. 디아스는 바스쿠 다가마에게 항해 경험을 전수하였다. 더 나아가 디아스는 그를 위

5-6 바르톨로메우 디아스의 범선을 복제한 카라벨 배

5-7 향신료 무역 지도

5-8 바르톨로메우 디아스 동상

하여 자신의 항해 경험을 바탕으로 새로운 배를 개발해 주었다. 바스쿠 다가마는 희망봉을 돌아 아프리카 동해안을 따라 북상하였으며 계속해서 동쪽으로 항해하여 마침내 인도에 도착하였다.

디아스 박물관의 전시관은 소박했지만 이곳에서 거친 항해의 시대를 느낄 수 있었다. 하지만 바르톨로메우 디아스와 바스쿠 다가마 등의 항해로 아프리카, 인도, 인도차이나 등지에서 고통이 시작되었음을 부인할 수 없다. 중상주의와 제국주의가 맞물린 항해는 곧 착취, 약탈, 노예, 식민 등의 시작과도 같기 때문이다.

크리스토퍼 콜럼버스, 페르디난드 마젤란, 제임스 쿡, 바르톨로메우 디아스, 바스쿠 다가마, 아메리고 베스푸치. 이들은 시대를 달리하면서 대항해를 했던 인물들이다. 그중에서 아메리카, 아시아, 아프리카 대륙에 가장 정교하게 착취의 길을 열어 준 사람은 제임스 쿡 선장이다. 그가 가는 곳마다 곧바로 유럽의 식민지가 되거나 착취의 대상이 되었다. 그는 크로노미터(chronometer)를 이용하여 해안 지역을 정확히 측량할 수 있었다. 그래서 지나는 곳마다 지도를 만들어 다시 돌아올 수 있게 했다. 지도의 소유 여부가 곧 권력이자 힘이었던 시대에 그 위력은 대단했던 것이다.

디아스 박물관의 경내에는 스리트리 우체통(Three trees Post Box), 바르톨로메우 디아스 동상사진 5-8, 교육관 등이 있다. 스리트리 우체

5-9 스리트리 우체통

통은 아프리카 올리브 나무에 구멍을 뚫어 만든 우체통이다. ^{사진} 5-9 먼 길을 나선 선원들은 이곳에 가족에게 부치는 편지를 넣어 두었다. 아마도 저마다의 애틋한 사연이 있었을 것이다.

또한 이곳에는 바스쿠 다가마가 1497년 항해 표시로 세운 돌십자가가 있다. 불론 이것은 1968년에 포르투갈 정부가 세운 복세품이지만, 항해 표시를 남겨 자신의 영역을 차지하려는 욕망을 확인하기에는 충분하다.

박물관 후문에는 해안으로 이어지는 길이 있어서 모셀베이 해변을 걸어 볼 수 있다. ^{사진} 5-10 잠시 해안의 사빈을 따라서 걸어 본다. 고운 모래, 아늑한 해안, 잔잔한 여유, 반복적인 파도, 철 지난 바다의 스산함이 어우러진다.

이곳에는 말레이인들의 무덤도 있다. 이들은 이슬람교도여서 무덤

5-10 모셀베이 해안

은 이슬람교의 성지인 메카를 향하고 있다. 죽어서도 자신이 믿는 종교의 성지를 향하는 말레이 노예의 마음을 읽을 수 있다. 박물관을 빠져나오면 작은 가게와 레스토랑이 있다. 그중 한 곳에 들러 도시 이름을 가져온 홍합 요리에 도전해 보아도 좋다.

  디아스 박물관을 둘러보고 모셀베이 시내를 지나 남쪽으로 2km 정도를 가면 포인트(Point)가 있다. 사진 5-11 해안이 육지 쪽으로 들어간 것이 만이라면, 바다 쪽으로 육지가 뻗은 것은 곶이다. 이 곳을 의미하는 포인트가 그대로 지명이 되었다. 거친 인도양의 파도가 강하게 바위를 친다. 사진 5-12 이곳의 언덕에는 지나가는 배를 위한 등대가 있다. 등대에 오를 수 있는 등산로도 있다. 거친 파도로 육지는 절벽을 바다에 내주고 말았다. 그 파여진 모양과 정도에 따라서 해식애, 해식 동굴

5-11 모셀베이의 포인트

5-12 모셀베이의 포인트에 부딪치는 인도양 파도

5-13 모셀베이의 거리

이 되고 이들은 해안을 아름답게 해 주고 있다. 단단한 화강암도 파도
에 이기지를 못하고 자신의 결을 내맡겼다. 포인트에서는 인도양의 바
다를 보다 가까이서 바라볼 수 있다. 포인트의 아이스크림 가게에서
아이스크림을 즐기며 인도양을 바라보는 여유를 가져 본다.

　모셀베이는 한눈에 들어올 정도로 작은 도시이다. 사진 5-13 인도양으
로 향하는 희망의 항구이자, 과거 제국의 약탈로 안내해 주는 뱃길이
다. 지금 그곳은 과거의 영욕을 뒤로하고 눈부신 태양의 광채로 빛나
고 있다. 모셀베이는 가든루트의 원초적인 아름다움을 수줍은 듯 간직
한 곳이다.

나이스나 호수는 바다로 가고 싶다

　모셀베이의 아름다운 항구를 뒤로하고 나이스나로 발길을 돌렸다. 인도양을 끼고서 해안지방을 달린다. 도로 주변에는 바다로 흘러가는 작은 하천들이 있다. 하천들은 바다로 들어가기 직전, 끌고 온 토사를 쌓아서 석호를 만들었고, 그 호수 주변에는 습지가 형성되어 있다. 그 중에서도 자유곡류 하천이 인상적이다. 사진 5-14 강은 바다로 들어가기 전 마치 뱀처럼 자유롭게 곡선을 그리며 흐른다. 그래서 이런 하천을 사행천(蛇行川)이라고도 부른다. 하천 퇴적물 위에는 갈대가 자라고 있어서 건강한 하천 생태계를 이루고 있다. 모셀베이에서 나이스나로 가는 길은 스텔렌보스에서 모셀베이로 가는 가든루트와는 달리 많은 마을과 습지, 숲을 볼 수 있다.

5-14 나이스나 하구의 습지와 하도

나이스나는 호수의 도시이다. 나이스나 강을 따라 육지에서 밀려온 퇴적물이 쌓여서 큰 호수에 섬이 만들어졌다. 바다로 들어가는 입구에는 이곳의 랜드마크인 투헤드스(Two Heads)가 있다.사진 5-15 사암 암벽으로 이루어진 두 지형이 좁은 입구를 형성하고 있다. 입구에는 인도양의 파도가 거세게 치고 있다. 마치 보초를 서듯 입구의 두 돌머리가 호수를 지키고 있다. 그래서 이름이 '두 개의 머리'라는 뜻인 투헤드스가 되었다. 지형학에서는 투헤드스와 같은 지형을 헤드랜드(head-land)라 부른다. 이곳은 바다의 파랑이 가장 강하게 영향을 미치는 곳이어서 침식이 많이 일어난다. 거친 파도에 의해서 해식애, 해식동굴, 파식대 등 침식지형이 만들어졌다.

투헤드스의 봉우리에서는 호수와 바다를 동시에 볼 수 있다. 그 위에서 내려다보는 호수는 광활하다.사진 5-16 호수 주변과 내부의 섬은 주거지로 이용되고 있다. 이곳은 석호라기보다는 거대한 화강암 암석이 호수를 막고 있어 퇴적물이 쌓여서 만들어진 호수처럼 보인다. 호수 안은 점점 퇴적물이 쌓여서 장기적으로는 육지화(陸地化)될 것으로 예상된다. 이곳에서는 각종 수상 스포츠를 즐길 수 있고, 배를 타고 호수 안을 돌아볼 수도 있다.

나이스나는 커다란 호수 주변에 발달한 도시이다. 호수 주변의 퇴적물 위에 주택이 건설되었고 초지도 형성되어 있다. 호수 안의 작은 섬에도 집들이 들어서 있다. 호수는 도시의 부산물을 온몸으로 받아서 정화시키면서 주변 생태계를 살리고 있다. 마치 스님의 묵언수행처럼 인간이 도시에서 버린 것들을 감당한다. 우리는 환경 정화라는 말로 호수의 역할을 규정한다. 하지만 호수는 바다로 나아가고 싶다. 더욱

5-15 투헤드스의 전경

5-16 투헤드스에서 본 나이스나 호수 모습

이 바다와 맞닿아 있는 석호는 더욱 바다로 가고 싶다. 호수는 자신이 가둔 모든 물을 들고 바다로 가고 싶다. 그 호수의 마음을 알고 있는 나이스나 호수 입구에는 투헤드스가 거친 파도에도 아랑곳하지 않고 호수를 지키고 있다.

플레튼버그베이 바닷가는 생명을 품고 있다

케이프타운에서 600km 떨어진 플레튼버그베이는 줄여서 플렛이라고도 한다. 이곳은 인도양의 아름다운 해변이다. 포르투갈 탐험가들은 이곳을 'Bahia Formosa', 즉 아름다운 만이라고 불렀다. 후에 네덜란드 동인도회사는 이곳에 창고를 지었고, 1779년 케이프의 총독 플레튼버그의 이름을 따서 플레튼버그베이라고 명명하였다. '아름다운 만'이라는 아름다운 이름이 제국주의자의 이름으로 바뀐 것이다. 옛 이름이나 지금 이름이나 제국주의자들이 붙인 이름이지만 총독의 이름보다는 '아름다운 만'이 더 인간적으로 느껴진다.

이곳을 흐르는 크르붐스(Keurbooms)강 하구에 거대한 해빈과 사구가 발달해 있고, 그 주변에 별장, 호텔, 위락시설 등이 들어서 있다. 해안의 한쪽 끝에 육지의 끝이자 바다의 시작인 하구가 있다. 하구의 모래로 물길을 막아 석호가 만들어졌고 작은 물웅덩이도 있다. 민물과 해수가 만나는 곳이어서 영양분이 풍부하여 어류와 패류 등이 풍족하다. 당연히 이를 먹고 사는 새들도 많은데, 대표적인 새가 플라밍고다. 이곳의 자연환경을 소개하는 상세한 안내판이 있다. 사진 5-17

5-17 플레튼버그베이의 생태 안내도

5-18 플레튼버그베이의 해변

나의 눈에는 쉼 없이 부리를 모래에 넣고 빼며 먹이를 찾는 검은머리 물떼새가 인상적이다. 모래사장은 생태계의 다양성을 보존하기 위한 생명의 보고로 작용하고 있다. 사진 5-18 그곳에서 사람들이 낚시를 하고 조개를 잡고 있다. 저무는 태양이 해변의 사람들을 실루엣으로 아름답게 보여 준다.

플레튼버그베이 바닷가에는 파도타기, 돌고래 체험, 헬기 투어 등 다양한 놀 거리가 많다. 나는 그냥 바닷가 벤치에 앉아서 해안과 바다를 감상하고, 사람들이 노는 모습을 본다. 그리고 바닷가를 걷는다. 아무 일 없이 거닌다. 발목 정도를 물에 담그고 걷는다. 바다와 모래사장의 경계에서 그 둘을 모두 갖는 나의 놀이이다.

치치카마 높은 산이 깊은 골을 만든다

플레튼버그베이에서 포트엘리자베스로 가는 고속도로를 달리다 보면 남아공에서는 흔하지 않은 톨게이트가 나온다. 45랜드의 통행료를 지불하고 다시 달린다. 고속도로변에는 식생, 골짜기, 능선 등이 번갈아 나타난다. 고속도로는 그 능선과 능선 사이에 있는 계곡 위에 고가도로로 건설되어 있다. 계곡의 너비가 넓을수록 고가도로의 길이도 길어진다. 고속도로를 조금 더 달리면 왜 통행료를 내야 하는지를 알 수 있다. 험준한 계곡을 가로지르기 위하여 건설한 거대한 규모의 치치카마 다리가 나타난다. 사진 5-19 다리이 위용은 기꺼이 통행료를 내고도 남을 만하다.

5-19 치치카마 다리

    다리를 지나자마자 치치카마 리조트가 나온다. 리조트의 입구에서 차량과 인원을 체크한 후 들어갔다. 이 리조트에는 치치카마 다리를 한눈에 볼 수 있는 전망대가 있다. 깊고 넓은 협곡에 대형 아치를 만들고 그 위에 상판을 얹어서 다리를 만든 것을 볼 수 있다. 가히 압도적인 위용에 감탄이 절로 나온다.

    전망대 옆에는 번지 점프 접수처가 있다. 치치카마 다리는 세계 최고(最高)의 번지 점프대로 기네스북에 등록되었다고 한다. 사진 5-20 다리에 설치한 번지 점프대의 높이는 216m이며, 협곡 아래에는 블루크랑스(Blourkrans)강이 흐른다. 까마득한 깊이의 협곡에 세운 다리가 익스트림 스포츠를 즐기는 사람들에게는 또 다른 천국이 된 것이

5-20 치치카마 다리의 세계 최고 번지 점프 광고판

5-21 치치카마 다리의 건설 과정

다. 사람들은 상판 교각 아래 만들어 놓은 번지 점프대까지 걸어가, 줄 하나에 몸을 맡기고 자신의 담력을 시험하고 있었다. 인간은 참으로 아이러니한 존재다. 쾌감을 느끼기 위해 기꺼이 위험을 감수한다. 두려움을 즐거움으로 바꾸는 사람들의 무모함이 부러울 뿐이다.

전망대 주변에는 짐바브웨에서 왔다는 청년 상인들이 있었다. 그들은 아프리카 동물들의 형상을 나무와 청동으로 만들어 노상에 천을 펼쳐 놓고 팔고 있었다. 또한 주변 캠핑장에는 남아공의 문화를 체험할 수 있는 곳도 있었다.

전망대의 화장실 입구에는 치치카마 다리의 건설 과정을 알리는 사진들이 걸려 있다.사진 5-21 치치카마 다리의 홍보 전시관이다. 빛바랜 사진들이 다리의 아치를 만들고 상판을 얹는 공사 과정을 친절하게 알려 주고 있었다. 화장실을 오가는 사람들이 자연스럽게 눈길을 주는 것으로 보아 소기의 목적은 달성하고 있는 듯했다.

치치카마 협곡을 따라서는 과거 금광의 영광을 실어 나르던 협궤열차도 있다. 금광은 문을 닫았지만, 사람들은 이 열차를 관광열차로 바

5-22 치치카마 협곡

꿔서 금광 산업 대신에 관광 산업을 일으키고 있다. 갈 길을 재촉하는 나그네여서 이 열차를 타 보지 못한 것이 매우 아쉽다. 이 열차를 탔더라면 치치카마의 높은 산, 풍성한 산림, 아름다운 계곡, 그리고 바람과 파도로 넘실거리는 해안을 감상할 수 있었을 텐데 말이다.

　산이 높으니 협곡이 깊다. 산이 높고 협곡이 깊은 만큼 숲도 울창하다. 사진 5-22 그리고 숲이 울창하니 물도 많다. 그래서 치치카마의 어원은 코이산어로 '물이 많은 곳'이다. 산 좋고 물 좋고 놀기에 좋은 치치카마다.

포트엘리자베스 여왕의 도시에서 만델라의 도시로 거듭나다

포트엘리자베스는 이스턴케이프(Eastern Cape)주에 속하며 남아공의 5대 도시 중 하나다. 별칭은 '따뜻하고 친절한 도시'인데, 25℃ 내외의 온화한 날씨여서 휴양하기에 적합하기 때문이다. 도시의 북쪽에는 공업단지가 분포하고 남쪽의 해안에는 해수욕장, 호텔, 위락시설 등이 많이 있다.

포트엘리자베스는 지명에서 알 수 있듯이 항구 도시이며 식민 시대에 그 이름이 붙여졌다. 이곳의 식민지 총독이던 던킨(Donkin)이 인도에서 사망한 그의 아내 엘리자베스를 기리기 위하여 세운 비석에서 그 이름이 유래하였다. 던킨은 시의 전역을 내려다볼 수 있는 언덕에 아내를 위한 작은 피라미드를 세웠는데 이 언덕을 던킨리저브(Donkin Reserve)라고 부른다.사진 5-23 포트엘리자베스는 2000년 주변 도시인 유텐헤이그(Uitenhage), 데스패치(Despatch)와 통합하여 넬슨만델라베이(Nelson Mandela Bay)광역시의 일원이 되었다. 기존의 지명을 인정하면서도, 남아공을 백인의 식민지가 아닌, 원주민의 나라로 전환하겠다는 강한 의지가 보인다.

던킨리저브는 포트엘리자베스의 도심에 해당한다. 이곳에는 초대형 국기 게양대가 있다. 거대한 남아공 국기가 파란 하늘을 배경 삼아 바람에 펄럭인다.사진 5-24 그리고 국기 게양대를 중심으로 몇 개의 작품이 조성되어 있는데 그중에서 남아공 국민들이 투표하러 가는 장면을 담은 부조물이 인상적이다.사진 5-25 1994년 아파르트헤이트가 폐지되고 민주 대통령을 뽑는 선거를 위해 줄을 선 시민들의 모습이다. 만

5-23 던킨리저브의 피라미드와 등대

5-24 던킨리저브의 남아공 국기

5-25 1994년 대통령 선거 장면을 담은 작품 'Voting Line'

5-26 투표 참여 의지를 보여 주는 표시

5-27 던킨리저브 바닥의 모자이크 장식

델라가 앞장서고 남녀노소의 국민들이 힘차고 기쁜 표정으로 손을 맞잡고 투표장으로 향한다. 그리고 국가 발전과 민주주의를 위한 선거에 동참하자는, 아니 동참하겠다는 의지를 표현한 십자가 모양의 상징물이 바닥에 새겨져 있다. 사진 5-26

그리고 국기 게양대와 피라미드 사이의 바닥에는 남아공의 다문화 사회를 상징하는 거대한 모자이크 장식이 있다. 사진 5-27 여기에는 흑인, 백인, 컬러드, 아프리카너, 이방인 등 인종의 다양성뿐만 아니라 토착 원주민 문화, 말레이 문화, 백인 문화, 혼합 문화 등 문화의 다양성, 그리고 사자, 코끼리, 얼룩말, 호랑이, 인간 등의 생물 종의 다양성에 이르기까지 서로 조화를 이루고자 하는 의미가 담겨 있다.

또한 조각상과 함께 우분투(Ubuntu) 비석도 세워져 있다. 이 비석에는 만델라 대통령, 그리고 그와 함께 인종차별 철폐 및 민주화 운동을

5-28 포트엘리자베스의 메인 도서관

5-29 포트엘리자베스 시청

한 사람들의 이름이 새겨져
있다. 이곳에서는 그들을 위
한 식수도 이루어졌었다.

포트엘리자베스의 도심에
는 식민지의 유산이 많이 남
아 있다. 그중 대표적인 것이
메인 도서관사진 5-28, 시청사
진 5-29, 세인트오거스틴 성당

5-30 헝그리라이언의 로고

등이다. 포트엘리자베스의 시청 건물은 콜로니얼 양식이다. 말 그대로
식민주의 양식이다. 지배국가의 고대 건축양식을 식민지에 도입한 것
으로 시청 석조건물의 위용이 남다르다. 현재 시청은 콘서트장 등으로
활용되고 있다. 시청의 오른쪽에는 메인 도서관 건물이 있다. 웅장한
석주가 도서관의 권위를 세운다.

또한 도심에 위치한 던킨스트리트는 과거 이 도시의 발생지로서의
모습을 담고 있다. 초기에는 해안 습지를 피해서 높은 곳에 주거지를
만들었다. 도심에서는 여느 도시와 같이 은행, 상가, 고층건물, 복잡한
교통을 볼 수 있다. 길을 걷다 보면 남아공의 프랜차이즈 패스트푸드
점인 헝그리라이언(Hungry Lion)도 만날 수 있다. 사진 5-30

도심은 1800년대로의 여행을 안내해 준다. 식민 시대에 지배국가의
권력, 문화, 삶 등을 그대로 옮겨 놓은 듯한 인상을 준다. 강요된 문화
전파의 일종이다. 당시로서는 거대한 석조건물과 도시만으로도 식민
지를 압도하고도 남았을 것이다.

이국의 도심을 걸으며 식민의 문명만을 보는 듯했다. 이 또한 남아공

의 유산으로 본다면 달리 할 말이 없지만 말이다.

포트엘리자베스 시내는 크게 항구 지역, 해안 위락 지역, 주거 지역 등으로 나누어진다. 항구 지역은 남아공의 인도양 연안 물류 유통 기능을 담당하고 있다. 그래서 더반(Durban)과 함께 주요 항구 중의 하나이다. 항구에서 가까운 해안에는 모래사장이 있다. 이 사빈(sand beach)을 중심으로 각종 카지노, 놀이시설, 해수욕장, 호텔 등이 들어서 있다. 이들이 들어선 곳의 도로명은 마린드라이브(Marine Drive)이다. 마린드라이브의 서편으로는 인도양의 대해, 사구, 해안식생, 리조트, 모래사장 등이 발달해 있다. 차를 타고 이곳을 달리는 것만으로도 포트엘리자베스의 풍광을 즐기기에 충분하다. 마린드라이브가 끝나는 지점에도 어김없이 타운십이 나타났다. 포트엘리자베스의 빈민가 역시 도시의 주변부로 밀려나 있었다.

에피소드 6. 문화적 차이의 경험

포트엘리자베스 공항에서 요하네스버그행 비행기를 타기 위해 대기 중이었다. 비행기를 기다리는 시간이 무료하여 음료수 한 병을 사러 가게로 갔다. 나의 여행 습관 중 하나는 로컬 제품, 로컬 푸드, 로컬 맥주 등을 골라서 사는 것이다. 먼 길 비싼 비용을 들여 여행 와서 다국적 회사의 상품이나 음식을 사먹고 싶진 않기 때문이다. 가게에서 물건들을 고르던 중 한 음료가 눈에 들어왔다. 투명한 병에 주황색보다 옅고 연갈색보다 진한 색깔의 내용물을 담은 음료였다. 그 이름은 사바나 사이다(Savanna Cider)였다. 사진 5-31 어릴 적 마셨던 환타(Fanta)와 비슷한 맛이 아닐까 하는 생각이 들었다. 사이다라는 상품명에 솔깃하

5-31 사바나 사이다

여 병마개를 딴 후 한입에 들이마셨다. 마시는 순간 탄산음료가 아님을 알아챘다. 성분을 보니 알콜 도수가 6%나 되었다. 사바나라는 이름에 혹하여 그만 술을 마신 것이다. 우리나라의 맥주보다 알콜 도수가 높은 술이었다. 우리 식으로 말하면 사이다에 맥주를 탄 '사맥' 정도랄까.

낯선 곳에서 만나는 문화의 차이는 나를 당혹게 하곤 한다. 그러나 나는 그 문화의 차이가 좋다. 문화의 차이로 인한 번거로움이 새로운 경험과 앎으로 인도해 주기 때문이다. 앞으로도 나는 문화적 시행착오를 겪으면서 계속해서 타문화를 이해하려 할 것이다.

이곳에서 가든루트의 여행을 마친다. 스텔렌보스에서 포트엘리자베스까지 인도양을 따라서 펼쳐진 다채로운 도시와 자연, 문화를 즐겼다. 이곳을 달리면서 야생의 자연을 보지 못한 섬은 아쉽다. 길을 떠나고, 잠시 머물고, 다시 걸음을 재촉하여 일상으로 돌아가는 것이 여행객의 숙명이다.

다시 나는 길을 떠난다, 고로 존재한다!

Chapter 6

남아공에서
저항의 역사를 만나다

남아공은 대항해 시대인 15세기에 바르톨로메우 디아스, 바스쿠 다 가마 등을 시작으로 많은 탐험가들이 아프리카 대륙을 돌아 인도로 가고자 할 때부터 침략의 대상이 되었다. 17~18세기의 중상주의가 세상을 지배할 때, 유럽의 국가들이 인도에 향신료를 구하러 가기 위해서는 아프리카 대륙의 끝을 돌아가야 했다. 그 당시 네덜란드 동인도회사는 남아공을 비롯해 인도, 인도네시아 등까지 영역을 넓혀 이익을 좇았다.

　19세기에 접어들어, 남아공에서는 먼저 자리 잡은 보어인, 즉 네덜란드 지배자들과 늦게 들어온 영국인들이 두 번에 걸쳐 전쟁을 벌였다. 이 보어전쟁이 영국의 승리로 끝나면서 남아공은 영국의 식민지 길에 접어들었다. 남아공을 지배한 백인들은 남아공의 금과 다이아몬드 등의 자원을 두고 약탈경제의 극치를 보였다. 그리고 영국, 독일, 네덜란드 계 백인들은 인종의 우열을 가리는 인종차별주의에 쉽게 합의를 하고 강력한 아파르트헤이트 정책을 펼쳤다. 결국 남아공은 제국주의 국가로부터 자원을 약탈당했고, 문화와 인종을 차별당했고, 환경을 파괴당했다.

　그러나 남아공 사람들은 중상주의와 제국주의, 그리고 식민 지배 세력 및 독재 세력에 부단히 저항하였다. 저항은 자유로 가는 길이었다. 현대사에서 남아공이 겪은 저항의 긴 역사는 인종차별주의의 철폐라는 세계사적 전환을 가져다 주었다. 그 저항의 역사를 남아공 여행을 하며 틈틈이 만나 본다.

로벤섬 남아공 저항의 성지를 가다

이른 아침부터 서둘러 케이프타운의 워터프런트로 향하였다. 그곳
에서 로벤섬(Robben Island)으로 떠나는 페리를 타기 위함이다. 워
터프런트의 붉은 시계탑 옆에 있는 넬슨만델라 게이트웨이(Nelson
Mandela Gateway)사진 6-1에서 로벤섬 행 페리 승선권을 구입하였다.
배는 오전 9시와 11시, 오후 1시와 3시에 하루 4회 운행한다. 페리의 승
선 장소로 내려가는 계단의 벽면에는 아프리카 혁명 전사들의 사진이
게시되어 있다. 이름만 들어도 알 수 있는 투투 대주교, 월터 시술루,
넬슨 만델라 대통령, 토이보 등의 사진이 보였다.사진 6-2 어릴 적 민주
화 운동과 함께 살아온 세대여서 그런지 그들의 사진을 마주하는 것만

6-1 넬슨만델라 게이트웨이 선착장 간판   6-2 로벤섬에 투옥되었던 토이보

으로도 감동이었다.

이 선착장 벽면의 흑백 사진들은 남아공, 나아가 아프리카의 혁명사를 엿보게 해 준다. 17세기 이후 가장 많은 착취, 고통, 학대, 노예화, 납치, 고문, 폭력, 학살 등을 당한 대륙의 슬픈 역사가 눈앞에 펼쳐졌다. 남아공 고통의 역사 한가운데서 살아온 만델라 대통령의 흔적을 이제 만날 수 있음은 가슴을 벅차게 했다.

만델라 대통령과 관련된 역사 현장 중에서 가장 잘 알려진 곳이 이곳 로벤섬이다. 만델라 대통령이 그의 수감생활 27년 중 20년을 이 섬의 감옥에서 보냈기 때문이다. 수많은 사람들이 만델라 대통령과 남아공의 투사들을 만나기 위해서 이곳을 방문한다.

페리는 로벤섬까지 대서양의 바다를 50분 정도 질주하였다. 페리가 출발하자 바다는 금방 본색을 드러내서 높은 파도로 작은 배를 흔들어 댔다. 항해 시간이 길지는 않았지만 대서양의 위용을 감상하기에 충분하였다. 바다에서 보이는 로벤섬은 해발고도가 낮아서 해수면과 큰 차이가 나지 않았다. 멀리서 보이던 섬이 눈에 들어오더니 어느덧 로벤섬의 선착장에 도착하였다.

선착장을 빠져나오자마자 로벤 감옥의 거대한 벽이 나타났다. 인간이 맨몸으로 넘을 수 없는 높이의 콘크리트 담벼락은 이곳이 감옥이었음을 증명하고 있다. 감옥의 담벼락에는 이곳에서 수감생활을 했던 독립투사, 민주투사, 노동투사, 인권투사 등이 아파르트헤이트가 폐지된 후 이곳을 방문하여 찍은 기념사진이 게시되어 있었다. 사진 6-3 수용소의 동기들이 이곳에 다시 모여서 서로 살아있음에 기뻐하고, 세상이 바뀌어 자신들이 승리했음을 자축하였을 것이다. 사진 속 주인공들의

6-3 로벤 감옥에 투옥되었던 투사들의 사진

얼굴에 기쁨이 가득해 보였다. 그리고 그 웃음 뒤편에는 살아남은 자가 견뎌야 할 슬픔도 함께 보이는 듯했다. 형장의 이슬로 사라진 동지의 모습이 그 웃음 이면에 겹쳐져 보였다.

감옥의 담벼락을 따라 조금 걸으니 감옥 투어를 위한 버스가 기다리고 있었다. 버스는 매우 낡았지만 섬을 투어하기에는 큰 무리가 없어 보였다. '마르코폴로'라는 이름을 가진 버스에는 섬을 안내해 줄 해설사가 동승하였다. 정문을 들어서자 감옥 분위기가 물씬 풍겼다. 사진 6-4

로벤섬을 일주하는 동안 등대, 해안지형, 감옥 사령부, 사택, 강제 노역장, 제2차 세계대전의 대포 등을 볼 수 있다. 맑은 날에는 바다 건너 케이프타운의 테이블마운틴까지 볼 수 있다. 테이블마운틴을 볼 수 있는 그곳에 하늘색의 포토 프레임이 있다. 작은 휴게소의 벽면에는 과거에 벽돌 건물이었음을 알려 주는 전시 공간과 지도가 있다.

6-4 로벤 감옥의 입구

　로벤섬의 주요 장소를 한 바퀴 돈 후 버스는 로벤 감옥 앞에 섰다. 본
격적으로 만델라 대통령이 20년 동안 투옥되었던 감옥을 둘러보는 시
간이다. 이중벽으로 된 감옥의 입구에서부터 마음이 편치 않았다. 인
간이 뛰어넘을 수 없는 높이의 철망으로 담이 쌓여 있고, 다시 그 높이
만큼의 간격을 주어서 또 하나의 철망으로 담이 둘러져 있었다.

　입구를 지나 감옥 내부로 들어갔다. 감옥에 대한 대부분의 설명은 만
델라를 중심으로 이루어졌다. 그리고 만델라가 투옥되었던 수용실로
이동했다. 좁디좁은 감방에 담요 두 장, 좁은 침대, 초라한 식기(食器)
가 보였다. 사진 6-5 수용실 문은 철문으로 굳게 닫을 수 있게 되어 있었
다. 사진 6-6 감옥 안에서도 강제 노역이 이루어졌었다. 사진 6-7, 6-8

　만델라 대통령은 인간의 한계를 견디며 로벤 감옥에서 살아남았다.
아마도 그에게는 살아남은 자가 가장 강한 자라는 신념이 있었을 것이
다. 그는 살아남아서 차별을 극복하자고 동료들을 독려하였고 감옥에

6-5 로벤 감옥의 만델라 대통령 수용실 6-6 로벤 감옥의 옥사
6-7 로벤 감옥의 강제 노역장 6-8 로벤 감옥의 강제 노역 장면 사진

서 굶주리면서도 운동을 하여 가혹한 탄압을 견뎌 냈다. 죽을 고비를 넘기고 또 넘기며 살아남았다.

감옥은 미로로 되어 있고 인간의 키를 훌쩍 넘고도 남을 정도의 높이의 담장이 있었다. 탈출을 기대하기란 애당초 힘들어 보였다. 감옥 안에서도 양심수들은 강제 노역에 시달렸다. 가까운 곳의 석회석 광산에서 거의 맨손이나 다름없는 허술한 장비로 석회석을 채굴하였다. 이

채굴한 석회석을 감옥 안에서 깨는 노역을 했고, 그 과정에서 사람들이 죽기도 했다. 그리고 살아남은 자들은 아프리카의 방식으로 그들을 추모하였다. 죽은 자를 위하여 돌무더기를 만들어 그들의 영혼을 위로하였다.

이곳에서 인권은 멈추었다. 하지만 남아공의 양심수들은 그들만의 방식으로 오랫동안 치열하게 싸워 승리를 쟁취하였다. 로벤 감옥을 나서니 해안과 선착장 주변에는 가마우지가 떼를 지어 쉬고 있었다. 감옥 위를 자유롭게 나는 새들을 보며 양심수들은 무슨 생각을 하였을까? 새들은 날고 있는데 죄수 아닌 죄수들은 타자의 강압으로 구속을 당해 자유를 잃었으니 말이다. 이곳의 죄수들은 주로 아파르트헤이트 철폐 운동, 짐바브웨 독립운동, 남아공의 노동운동, 흑인 인권 투쟁 등으로 투옥된 사람들이다. 남아공은 감옥에도 아파르트헤이트를 적용하여 로벤섬에는 흑인 죄수들만을 수용하였다. 이곳에 있던 백인 죄수들은 본토의 프리토리아로 이전 수감되었다.

넬슨 만델라는 로벤 감옥에서 1990년 출옥하였고 남아공의 모든 사람들이 그가 출옥하는 장면을 텔레비전을 통해서 지켜보았다. 한 소설 속에 만델라가 석방되는 날을 묘사한 내용이 있다.

이웃과 친구들이 로사네 작은 거실에 모여들었고 로사는 엄마의 무릎에 걸터앉았다. 그리고 작은 텔레비전에 나오는 따스하고 진지한, 그러나 미소 띤 얼굴을 한 백발의 키 큰 사람을 지켜보았다. 로사 주변의 모든 사람들은 감격에 겨워 울기도 하고 웃기도 했다. 믿을 수 없는 일이라고 그들은 말했다. 결코 오지 않으리라 생각했던 바로 그날이 온

것이다! 넬슨 만델라. (베벌리 나이두, 2007)

로벤섬은 세계적으로 악명 높은 야만의 장소였다. 지옥 같은 장소를 그곳의 수감자들은 자유의 상징으로 바꾸어 놓았다. 아파르트헤이트 정책이 시행되기 전에는 이곳에 나환자들이 격리 수용되었었고, 이후 아파르트헤이트가 시행되면서 이에 저항을 하며 투쟁을 했던 투사들이 수감되었다. 이 투사들은 이곳에서 인고의 세월을 견뎌 냈다. 푸코의 감옥처럼 완벽한 감시가 이루어졌지만 그들이 지닌 사상의 자유를 억압하지는 못하였다. 몸은 구속되었어도 정신만큼은 자유를 잃지 않은 곳이 이곳 로벤섬이다. 사진 6-9

케이프타운 시청은 로벤섬에 대하여 6가지 사실을 이야기한다. 첫째, 이 섬은 1999년 유네스코 세계유산으로 지정받았다. 둘째, 넬슨

6-9 로벤섬에서 자유를 찾은 이들이 출옥하는 장면

만델라뿐만 아니라, 월터 시술루(Walter Sisulu), 고반 음베키(Govan Mbeki), 맥 마하라히(Mac Maharaj)와 도쿄 세활레(Tokyo Sexwale)도 이곳에 투옥되었다. 셋째, 이 섬은 아프리카펭귄 8,500쌍을 포함하여 132종의 조류가 서식하는 곳이다. 넷째, 죄수들은 여기서 수세기 동안 거주하였다. 그러나 삼엄하게 경계를 펼쳤던 시기는 오로지 1960년대뿐이다. 이 섬은 1846년부터 1931년까지 나환자 수용소로 사용되었다. 다섯째, 1659년 코이(Khoi) 지도자인 오추마토(Autshumato)를 제외하고는 죄수 중에서 이 섬을 탈출한 자는 없다. 여섯째, 자선기금을 모으기 위하여 2013년 4월 매트 실버-밸런스(Matt Silver-Vallance)가 로벤섬에서 본토까지 헬륨 풍선을 이용하여 건넜다.

요하네스버그 공항 오알탐보 공항에서 탐보를 만나다

포트엘리자베스에서 비행기를 타고 요하네스버그 공항으로 향했다. 내가 요하네스버그에 대해 가진 선입견은 범죄, 치안 부재, 살벌함, 두려움이었고 조심 또 조심하자는 생각이었다. 도시의 치안이 불안하다는 인상이 나를 지배했다. 사람들이 이구동성으로 위험하다는 것을 강조했다. 남아공 국민들이 모두 그렇지는 않겠지만, 이런 선입견은 나의 머리에 강하게 각인되어 있었다. 그래서 잔뜩 긴장을 하며 여행을 시작했다.

요하네스버그 국제공항의 새 이름은 오알탐보(OR Tambo) 국제공항이다. 2006년에 아파르트헤이트 저항 운동가이자 인권 운동가 올리

버 레지널드 탐보(Oliver Reginald Tambo)를 기리기 위하여 공항의 이름을 변경한 것이다.

탐보는 평범한 청년에서 저항 운동가가 되었다. 천주교 신부를 만난 후 흑인 교육에 힘쓰는 교육자로서 열정을 쏟았다. 그는 요하네스버그의 고등학교에서 교사로서 수학과 과학 과목을 가르쳤다. 그리고 다시 게릴라 활동을 중심으로 한 무장 투쟁가로 변신하였다. 그는 1967년부터 1991년까지 아프리카민족회의(ANC) 의장을 역임하며 아파르트헤이트 폐지를 위해 투쟁하였다. 그러다 남아공 정부에 의해 30년 동안 추방되었으며, 1994년 국민투표가 실시되기 한 해 전인 1993년에 사망하였다.

오알탐보 국제공항에 비행기의 이륙 장면을 볼 수 있는 전망대가 있는데, 그곳에 탐보의 일대기를 보여 주는 전시물들이 있다. 탐보 사진들이 걸려 있으며 사진 6-10 바닥에는 투명 유리로 된 전시물 사진 6-11도 있다. 그리고 탐보가 학생들을 가르쳤던 때의 책상이 하나 놓여 있는데 사진 6-12 이는 교육운동을 통하여 남아공의 문맹을 척결하고 깨어 있는 국민을 만들고자 했던 그의 모습을 떠올리게 했다.

남아공의 백인 정부는 아파르트헤이트 정책을 펼치면서 비백인들에 대해서 우민화 정책을 펼쳤다. 그중 하나가 교육 정책이다. 흑인 학교에서는 영어가 아니고 네덜란드어의 일종인 아프리칸스어를 가르치도록 했다. 이는 흑인들이 주류 사회로 진출하는 것을 원천 봉쇄하고자 하는 의도였다. 그들은 언어의 차별을 통해 일자리, 문화, 삶을 통제하고자 했다. 이런 정책은 남아공 민중들의 거대한 투쟁을 가져오는 도화선이 되었다.

6-10 요하네스버그 공항의 탐보 사진 ███ ███ 6-11 요하네스버그 공항
6-12 탐보가 가르쳤던 때의 책상 ███ 바닥 전시물

아파르트헤이트 박물관 인종차별은 인류를 향한 범죄다

　오알탐보 국제공항에서 나와 요하네스버그 시내에 위치한 아파르트
헤이트 박물관(Apartheid Museum)으로 향하였다. 공항이나 호텔에
는 다양한 시내투어 방법이 있다. 반나절 혹은 하루 동안 여행할 때는
공항이나 호텔을 통하는 것도 좋은 방법이다. 투어 신청을 하면 정해
진 시간에 안내자가 승합차나 승용차를 이용하여 여행지로 안내해 주

기 때문에 치안이 좋지 않은 요하네스버그에서 상대적으로 안전하게 여행할 수 있는 방법 중 하나이다.

이른 아침 박물관은 한산했다. 이 박물관은 지구 상에서 가장 늦게까지 법적으로 인종을 차별한 아파르트헤이트에 관한 투쟁사를 기록·전시하는 박물관이다. 남아공의 슬픈 역사를 기록하여 대대로 희생했던 과거를 잊지 말고 인권을 보호하고자 하는 의도이다.

백인들은 남아공에서 가장 어리석은 인종차별 정책을 실시하였다. 이런 잘못된 정책을 펼친 데는 백인들의 어리석은 생각이 영향을 주었다. 리처드 J. 리드(2013)는 이에 대해 "백인 정착민들이 17세기에 '빈 땅'을 발견했고, 그들은 그 땅이 신이 자기들한테 특별히 하사한 것이며, 그곳에 살아가고 있던 '흑인'은 신이 만든 거대한 존재의 질서라는 관념으로 볼 때 짐승보다 결코 더 낫다고 할 수 없는 족속이라고 믿었다"고 설명했다. 백인들은 자신들이 흑인들보다 우월적 지위를 차지하고 있다고 보았다. 그래서 차별을 통한 영구 지배를 꾀하였다. 아파르트헤이트의 목적은 아프리카인들을 '백인' 지역과 멀리 떨어진 곳에 있는 집단 거주지에 묶어 두는 것이었다. 물론 백인이 고용한 아프리카인들은 예외였다.

영국계, 독일계, 네덜란드계(아프리카너) 백인들은 아프리카 남단에서 남아프리카연방(Union of South Africa)이라는 백인 국가를 건설하였다. 영국연방으로 시작한 남아프리카연방은 철저하게 백인 중심의 국가 정책을 펼쳤다. 약 17%밖에 되지 않는 백인들이 다수의 흑인과 아시아계 컬러드를 영구 지배하고자 했다. 이들은 철저한 인종차별주의자이자 백인 우월주의, 백인 순혈주의에 기반하여, 백인과 비백인의 차별을 적극적으로 법제화하여 실시하였다. 그것이 아파르트헤이트이다. 그들은 영구 집권을 위하여 흑인들의 교육받을 권리를 제약하였고, 이런 흑인의 무지는 백인의 이익을 극대화하게 되었다. 1961년 남아프리카연방은 영국연방으로부터 독립을 선언하고 남아프리카공화국을 세웠다. 하지만 백인 정부는 계속해서 흑인들을 탄압했고 인종차별 정책을 포기하지 않았다.

남아공의 흑인들은 현대판 노예 사회를 겪어야 했다. 흑인들은 백인 정부의 박해, 고문, 착취, 학살, 감금, 회유, 백색 테러 등의 위협에도 불구하고 불굴의 저항운동을 펼쳤다. 비폭력 투쟁, 무장봉기, 교육 운동 등 다양한 방식으로 백인 정부와 아파르트헤이트 정책에 저항하였다. 그 과정에서 그들은 글을 썼고, 기도했고, 가르쳤고, 시위를 했고, 무장봉기를 했고, 파업을 했고, 연좌 농성을 하였다. 백인에 대한 투쟁과 저항은 곧 죽임과 고통을 동반하였다. 수많은 투쟁자들이 감옥에 감금되어 교수형을 당했고, 총에 맞아 죽었고, 학살을 당했다.

남아공의 현대사는 고단한 죽음의 여정이었다. 그 여정을 마친 시기가 1994년이다. 남아공 백인 정권은 봇물 터지듯 밀려드는 민중의 파고를 견디지 못하였다. 그리고 백인 정권의 지지 세력이었던 영국과 미국이 지지를 철회함으로써 더 이상 견디지 못하고 손을 들고 말았다. 백인 정권과 남아공의 아파르트헤이트 철폐를 주장하는 사람들이 국민투표에 합의하면서 긴 죽음의 여정을 마치게 되었다. 1994년, 마침내 국민투표로 아프리카민족회의(ANC)를 이끌어 온 넬슨 만델라 후보가 대통령으로 당선되었다.

남아공의 투쟁사를 기록한 아파르트헤이트 박물관 입구에는 아파르트헤이트에 맞서는 투쟁 정신을 표현한 7개의 기둥이 있다.사진 6-13 각 기둥에는 자유(freedom), 평등(equality), 다양성(diversity), 존중(respect), 민주주의(democracy), 책임(responsibility) 그리고 화해(reconciliation)의 정신이 적혀 있다. 이는 남아공이 지향하는 7가지 정신이다. 남아공의 투사들은 이런 정신을 구현하는 나라, 무지개의 나라를 꿈꾸었다. 흑인들은 백인 정권보다 정의로웠고 아름다웠다. 흑인들은 백인 정권의 독재자, 박해자들에게 보복하기보다는 서로 화해하는 것을 택하는 아량을 베풀었다. 이를 이끈 운동가가 마디바(Madiba), 즉 존경하는 어른인 넬슨 만델라이다.사진 6-14 그는 일찍이 간디의 비폭력 저항 정신을 배웠던 터라 용서와 화해가 백인에 대해 할 수 있는

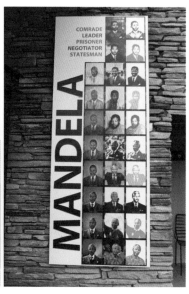

6-13 아파트르헤이트 박물관의 7기둥

6-14 아파르트헤이트 박물관 입구의 넬슨 만델라 사진

6-15 아파르트헤이트 박물관의 인종차별적 입구

가장 의미 있는 행동임을 알고 있었다. 흑인의 백인에 대한 화해로 국가분열을 반대하는 합의를 하였고, 흑인 지도자들은 이를 지켜 냈다. 그들의 아름다운 정신이 박물관 앞에 선언되어 있다. 이것이 곧 남아공의 권리 장전이다.

　박물관 입구에는 아파르트헤이트 정책을 체험할 수 있는 출입구가 있다. 아파르트헤이트 법에는 인종이 흑인(native), 컬러드(coloured), 아시안(asian)과 백인(white)으로 구분되었으나, 여기서는 백인(white) 입구와 비백인(non-white) 입구로 분리된다. 사진 6-15 박물관 입구에서부터 인종차별을 체험해 보라는 의미일 것이다. 차별의 문을 통과히면서 나는 몹시 불쾌했다.

　그곳에는 이 문을 통과한 우리의 모습을 볼 수 있도록 거울이 설치되

6-16 아파르트헤이트 박물관의 작품 '여정'

어 있다. '여정(Journeys)'이라는 제목이 달린 이 작품에는 다양한 인종
과 세대가 투영되어 있다. 사진 6-16 남아공에 밀려온 다양한 인종과 세
대들이 함께 살아가고 차별을 방지하자는 의미가 담긴 듯했다.

　박물관에는 영구 전시시설이 있다. 그곳의 주제들은 다음과 같다.
'차별', '아파르트헤이트 정책', '저항으로의 전환', '아파르트헤이트 하
에서의 생활', '홈랜드 이주정책', '흑인 의식 운동', '정치적 탄압', '1976
년 무장 투쟁의 전기', '시민봉기', '1987년 타협의 시작', '1990년 만델
라의 출옥', '남아공 정치 투쟁단체의 비무장 선언', '국가평화협약과 권
리장전', '1994년 국민투표', '진실과 화해위원회', '기적을 넘어' 등이다.
영구 전시시설은 백인 국가 탄생부터 아파르트헤이트에 맞서 벌인 투
쟁과 타협, 그리고 국민투표와 진실과 화해의 기적이 이루어진 시기까

지의 주요 역사를 기록하고 있다.

박물관 홈페이지에는 교사와 학생들을 위한 교육 자료가 게시되어 있다. 거기에는 아파르트헤이트를 배우는 이유가 잘 나와 있었다. "아파르트헤이트를 배우는 일은 어렵고 도전적인 과정입니다. 여러분들은 우리나라에 관한 많은 고통스런 진실과 우리 과거의 어두움을 발견할 것입니다. 그러나 여러분은 또한 끝내 아파르트헤이트를 종식시킨 보통 사람들의 용기, 결단과 창의성에 대한 통찰력을 얻을 것입니다." 그리고 역사 수업을 "지속적으로 과거에 관한 물음을 찾고 제기하는 과정"이라고 규정하였다. 역사를 바로 알고 이런 오류를 다시는 범하지 말자는 강한 의지를 천명하고, 이를 다음 세대에 가르치고자 하는 것이다. 이를 보면서 우리의 한국사 국정화 정책이 떠올랐다. 박근혜 전 대통령은 자기 아버지의 암울한 역사를 왜곡하거나 숨기려고 하였고, 헌법의 우리 역사를 부정하고 한국사 교과서를 독점하여 학생들의 역사적 통찰력과 상상력을 거세하려는 시도를 서슴없이 하였다. 박 전 대통령도 많은 나라를 다니길 좋아했지만 남아공의 아파르트헤이트 박물관은 방문하고 싶지 않았을 것이다.

남아공에서는 법적으로 인종차별 정책이 종식되었다. 그러나 남아공을 여행하는 동안, 보이는 인종차별 정책보다 보이지 않는 인종차별이 더 강하고 무섭다는 생각이 들었다. 현재 남아공은 경제, 문화, 삶, 교육 등 모든 면에서의 차별이 생활 전반을 지배하고 있다. 백인들은 보이는 차별 정책 대신에 보이지 않는 차별을 선택했다. 백인 우위라는 명분보다는 부와 문화와 삶 전체를 지배하는 실리를 택한 것이다. 남아공 정부는 이제 보이지 않는 차별을 극복하는 정책을 펼쳐야 할 것이다. 남아공 사람들은 현재 높은 실업률과 문맹률 등으로 고통 받고 있다. 이 문제들을 해결하지 않으면 남아공은 (이미 현실은 계급사회이지만) 다시 계급사회로 회귀할 것이다. 남아공이 대다수 흑인들의 가난과 무지의 대물림을 극복하고 남아공의 정신인 우분투(Ubuntu)의 나라를 만들길 바란다. '네가 있어 내가 있다'라는 조화로움을 실현하는 무지개의 나라가 되길 소망해 본다.

에피소드 7. 샌톤, 부자들의 쇼핑센터에도 만델라는 있다

샌톤은 요하네스버그 도심의 최대 쇼핑가다. 고급 백화점, 레스토랑, 호텔 등이 밀집해 있다. 이곳에 만델라스퀘어(Mandela Square)가 있다. 만델라의 이름을 딴 고급 쇼핑센터이다. 입구에는 사람들을 압도하고도 남을 만큼 큰 만델라 동상이 있다. ^{사진 6-17} 그런데 고급 쇼핑센

6-17 샌톤의 만델라 대통령 동상

터 입구를 지키고 있는 만델라의 모습이 애처롭게 느껴졌다. 만델라가 남아공의 영웅임에는 틀림없지만 그 영웅조차도 마케팅에 이용하는 백인들의 상술이 놀라울 뿐이다.

만델라를 내세운 마케팅은 남아공을 여행하는 동안 곳곳에서 볼 수 있었다. 지나치게 영웅화 하는 것도 문제지만 그를 과도하게 마케팅에 이용하는 것은 여행하는 이의 마음을 씁쓸하게 했다. 더 이상 만델라가 백인들의 돈벌이를 위한 마네킹이 되지 않길 바란다. 여전히 그는 내 마음속에 인류와 남아공의 발전을 위해 노력한 투사요, 영웅이요, 혁명가요, 운동가로 자리 잡고 있기 때문이다.

우분투 남아공의 공동체 정신을 생각하다

세계는 하나의 공동체가 되고 있다. 세계화, 교통 및 정보통신 기술의 발달 등으로 우리의 삶은 세계와 연계되어 있다. 그런 가운데 세계 속의 일원임을 실감하게 만드는 것은 여행이다. 또한 내가 사는 곳이 아닌 다른 곳으로의 여행은 낯선 곳에서 자신을 바라볼 수 있게 해 준다. 그래서 여행은 사람들을 설레게 만든다. 타인과의 대화는 삶을 더욱 풍요롭게 해 주고 그 여행에 의미를 더한다. 나의 여행도 그렇다.

남아공에서는 국제이해 교육이 글로벌 관점 교육이나 다문화 교육으로 받아들여지고 있었다. 남아공에서 강조하고 있는 국제이해 교육은 "첫째가 세계시민 교육이고, 둘째가 개발 교육이고, 셋째가 평화 교육"이라고 번 존 교수는 강조하였다. 세계 속의 일원으로서 남아공의 위상을 높이려는 남아공 교육의 의도를 볼 수 있다. 개발도상국으로서 개발 교육을 강조하면서 그와 동시에, 매우 높은 사회경제적 불평등으로 사회 정의가 요구되고 많은 다툼이 발생하고 있어 이를 해결하려는 평화 교육도 강조하고 있었다.

남아공에서 국제이해 교육은 20세기에 들어서면서 나타난 남부아프리카의 독립운동 정신과 맥을 함께한다. 식민지 국민으로서 탈식민지를 위해 투쟁하면서 주장하였던 인권, 평등, 존중, 상호 의존 등의 정신과 일맥상통한다. 이중에서도 상호 의존은 남아공의 정신을 잘 반영하고 있는데, 이는 바로 우분투이다. 우분투는 남아프리카 반투족의 언어로서 '우리가 함께 있기에 내가 있다'라는 의미를 지닌다. 우분투 정신은 나눔과 공유를 지향하는 아프리카의 전통 사상이다. 남아공의 독립 쟁취와 인종차별 정책 철폐를 위해 노력한 투투 대주교와 만델라 대통령의 사상에도 우분투 정신이 스며들어 있다. 타자와 타문화에 대한 존중을 의미하는 우분투는 지구촌의 상호 이해를 바탕으로 한 상호 의존이며 평화를 향한 디딤돌이다.

또한 남아공에서 국제이해 교육은 우분투를 넘어서 정의(justice)를 강조한다. 남아공의 정의는 인간에게는 사회 정의를, 그리고 자연에게는 환경 정의를 요구하고 있다. 개발이라는 미명 하에 벌어지는 남아공의 불평등과 환경 파괴를 고발하고 있다. 남아공의 환경 파괴 문제와 생물 종의 파괴 문제는 단순히 남아공의 문제가 아니라 세계의 문제이다. 우분투는 정의라는 측면에서 인간과 인간, 그리고 인간과 환경이 상호 의존하며 공생을 해야 하는 정당성을 주장하는 것이다.

그리고 남아공 국제이해 교육에서 중요한 또 하나의 개념은 다양성

(diversity)이다. 남아공에서는 다양성이라는 개념을 매우 중시한다. 다양성을 부정하던 지난날, 아프리카에서는 대학살이 발생했다. 다양성의 부정은 미움을 낳고, 이는 다시 학살을 낳는다. 그래서 다양성은 상호 이해에서 매우 중요하다. 이 점은 남아공의 인종과 언어 측면에서도 쉽게 볼 수 있다. 남아공은 흑인, 백인, 컬러드 등 다양한 인종과 더불어 11개의 공식 언어가 있다. 이런 나라에서 주변인이나 소수자의 차별은 또 다른 갈등을 야기할 수밖에 없다. 하지만 다양성의 존중은 자연스럽게 다수와 소수자(주변인), 인간과 환경, 문화와 문화, 부족과 부족 간의 조화를 이끈다. 만델라 대통령은 이런 조화로움을 가진 나라, 즉 무지개 나라를 꿈꾸었다. 남아공의 정신은 국가의 경계를 넘어서 세계에도 충분히 적용될 수 있다.

세계는 점점 글로벌 상호 의존이 증가하고 있다. 오늘날 남아공의 우분투 정신은 우리가 나아갈 바를 알려 준다. 네가 있어 내가 존재한다는 우분투는 글로벌 상호 의존의 대표적인 정신이다. 글로벌 경쟁이 심화되고 있지만, 글로벌 상호 의존의 가치도 함께 높아지고 있다. 서로와 서로의 존중을 바탕으로 한 상호 의존은 평화로 가는 지름길이다. 남아공의 우분투 정신이 곧 '능동적인 평화와 정의를 위한 교육'의 시작이자 목적이다.

Chapter 7

안전하지 않은 곳에서
행복을 찾는 도시, 케이프타운

* 이 장은 『국토』 제420호에 실린 저자의 글 「안전하지 않은 곳에서 행복을 찾는 도시, 케이프타운」을 편집·수정한 것입니다.

7-2 〈세이프 하우스〉의 한 장면(화면 캡처)

7-1 영화 〈세이프 하우스〉의 포스터

영화 〈세이프 하우스(Safe House)〉는 케이프타운의 전경을 보여 주
는 장면으로부터 시작한다. 빠른 속도로 보여 주는 케이프타운 전경,
남자 주인공이 연인과 대화를 나누는 볼더스비치의 경관이 인상적이
다. 영화는 두 연인의 달달한 사랑이 채 마치기도 전에 본론으로 들어
간다. 사진 7-1, 7-2

세이프 하우스는 안전 가옥이다. 그러나 비밀 장소이다. 우리 현대사
에서도 안가(安家, 안전한 가옥)가 있었다. 독재 권력의 핵심들이 모여
서 비밀리에 수상한 모의를 하거나 권력의 힘을 빌어서 주색을 즐기던
장소였다. 안가는 비밀, 음모, 권력, 모의, 격리, 위험, 첩보, 간첩 등을
연상시키는 불안한 장소이다. 이곳은 이용하는 자에게는 안전한 곳이
지만, 이용당하는 자에게는 위험한 곳이다. 안전 가옥이 가진 두 얼굴
의 역설이다. 그러나 영화의 부제처럼 이곳은 이용하는 자나 이용당하

는 자나 '누구도 안전하지 않다(no one is safe)'. 그래서 우리말로 번역된 영화의 부제는 '누구도 어디도 안전하지 않다'가 되었다.

영화는 세이프 하우스가 불안전한 가옥으로 바뀌면서 본격적으로 시작된다. 전직 CIA 요원인 토빈 프로스트(덴젤 워싱턴 분)가 남아프리카공화국의 케이프타운으로 와서 비밀 정보를 거래하고자 한다. 영화에는 비밀 정보를 팔려는 자, 사려는 자, 그리고 막으려는 자가 등장한다. 비밀 정보를 팔려는 토빈 프로스트는 괴한들에 의해 쫓기면서 케이프타운의 미국 영사관으로 피신한다. 그리고 그는 상부 권력자에 의해서 안전 가옥으로 끌려와서 취조를 당한다. 하지만 그의 비밀 정보가 세상에 공개되길 바라지 않는 자들은 비밀 정보를 다시 취하려 안가로 비밀 요원들을 보낸다. 그러면서 안전 가옥은 타자에게 알려진 불안 가옥으로 변한다. 그리고 죽이려는 자와 살아남으려는 자의 혈투가 전개된다.

액션 영화가 그렇듯이, 이 영화도 케이프타운 시내를 질주하며 총격전을 벌인다. 안가의 손님인 전직 CIA 요원과 손님을 지키고자 하는 말단 요원인 맷 웨스턴(라이언 레이놀즈 분), 그리고 그들을 죽이려는 자들 간의 쫓고 쫓기는 액션이 케이프타운 도심에서 불을 뿜는다. 그리고 겨우 살아남은 토빈 프로스트는 월드컵 경기장인 그린포인트 스타디움에서 말단 요원을 따돌리고 랑가의 타운십으로 숨어들어 케이프타운 탈출을 위해 여권과 신분증을 위조하고자 한다. 말단 초보 요원은 손님 보호라는 자신의 임무를 수행하고자 토빈 프로스트를 찾아내고, 상부의 어두운 권력자는 정보를 뺏기 위하여 다시 그를 뒤쫓는다. 토빈 프로스트는 또다시 탈출을 위한 혼신의 질주를 한다. 지붕과

골목을 탈출구 삼아 충격전을 벌이며 도망친다. 맷 웨스턴은 다시 안가로 그를 이송한다. 그리고 안가에서 '모든 것이 모든 것을 배신한다'는 사실을 알게 된다. 결국 토빈 프로스트는 죽고 맷 웨스턴은 살아남는다. 마지막에 산 자가 죽은 자를 위하여, 아니 공의를 위하여 비밀 송금 내역을 담은 정보를 언론을 통해 세상에 공개한다. 그는 공익적 목적을 위하여 그들만의 비밀을 모두의 비밀로 만들었다.

영화 〈세이프 하우스〉에는 극적 대비가 있다. 권력과 개인의 대비가 그것이다. 특히 국가 권력을 가장한 집단은 국가 이익이라는 이름으로 무고한 개인을 통제하고 사적 이익을 취한다. 국가라는 이름으로 자행하는 폭력 앞에서 개인은 무력하다. '계속 거짓말을 하게 되면 어느 순간 그것이 진실로 느껴질' 정도로 국가 권력은 개인의 사고까지 지배하기도 한다. 때론 국가 권력이 수행하는 화려한 이벤트 속에서도 권력과 개인의 대비가 일어날 수 있다. 토빈 프로스트가 맷 웨스턴을 따돌리는 케이프타운 월드컵 경기장은 이를 은유적으로 보여 주고 있다. 국가 경제에서 국민의 삶은 아랑곳하지 않고 건설한 월드컵 축구 경기장에서 관중들은 열광한다. 그리고 경기장 밖 소시민들은 '우리는 지금 일자리가 필요하다'고 시위를 한다. 국가 권력이 낳은 이벤트와 상관없이 고단하게 살아가는 사람들이 있다. 영화 속에서 도시의 화려함과 랑가 빈민 지역의 초라함도 대비를 이루고 있다. 이렇듯 도시의 삶과 도시 주변인의 삶은 대비를 이룬다. 식민의 자본과 자본가, 그리고 이를 등에 업은 권력가들이 권력을 나누는 도시의 중심부와 일탈과 범죄와 빈곤이 삶의 무게로 내려앉은 주변부가 대비를 이룬다.

액션 스릴러라는 장르로서 이 영화가 지닌 인상적인 부분은 전반부

케이프타운 시내에서의 자동차 추격전 장면, 후반부의 늦은 밤 랑가 타운십에서의 탈출과 추격 장면, 그리고 케이프타운 도시 전경을 보여 주는 장면이다. 이들 장면은 케이프타운의 자연경관, 도시경관과 생활 경관을 적절히 보여 준다.

아프리카에서 가장 유럽을 닮은 도시

케이프타운은 남아공에서 도시가 처음으로 시작된 곳이어서 '마더 시티(Mother City)'라고도 불린다. 유럽의 도시 문명이 아프리카 원주 민 문화를 식민화하는 역사가 시작된 곳이다. 그래서 케이프타운은 아 프리카 대륙에서 가장 유럽과 비슷한 도시경관을 가지고 있다.

테이블마운틴은 해발고도 1,000m가 넘는 탁자 모양의 땅으로서 케 이프타운의 랜드마크이다. 테이블마운틴 정상에서 본 케이프타운은 분지 모양을 하고 있어 이 도시를 '시티볼(City Bowl)'이라고도 한다. 산 아래로 침식물이 쌓여 만들어진 경사면에서 해안에 이르기까지 시 가지가 펼쳐져 있다. 테이블마운틴의 정상에서는 시가지는 물론이고, 왼쪽으로 라이언스헤드와 시그널힐, 오른쪽으로 데빌스피크, 바닷가 로는 시포인트, 워터프런트, 테이블베이 등이 한눈에 들어온다.

케이프타운 도심의 롱스트리트, 거버먼트애비뉴 등에는 과거 네덜 란드와 영국 식민 시대의 유산인 유럽풍 건축경관이 가득하다. 식민 의 시대는 지났으나, 그 시대의 건축물과 그들의 후예가 여전히 도시 의 중심에서 케이프타운을 지배하고 있다. 영화 속 케이프타운의 의사

사진 7-3 롱스트리트 건물

사진 7-4 롱스트리트 회랑

사진 7-5 케이프타운 도심 모습

당 건물, 롱스트리트, 도심 우회도로, 우드스톡 등은 케이프타운 도심
을 잘 보여 준다. 이 중에서 300년이 넘는 역사를 가진 롱스트리트에
는 빅토리아 시대의 다채로운 상점과 카페들이 즐비하다.사진 7-3 길 양
쪽에는 2~3층의 낮은 건물들이 줄지어 서 있고, 도로는 건물의 회랑과
맞닿아 있다.사진 7-4 과거의 화려한 건물경관을 가진 롱스트리트는 케
이프타운의 중심가이자 사람들이 모이는 곳이다. 그리고 세계의 여행
객, 특히 배낭여행객들도 숙소를 찾아서 이곳에 모여든다. 지금 롱스
트리트는 과거의 화려함과 취함과 젊음과 시끄러움과 두려움 등이 혼
재하고 있는 곳이다. 그리고 동인도회사와 영국이 식민지 약탈의 본거
지로 삼았던 캐슬오브굿호프와 애덜리 역을 중심으로 은행, 상가, 회
사, 호텔 등의 고층빌딩이 들어서 케이프타운의 스카이라인을 형성하
고 있다.사진 7-5 애덜리 역에서 포토 프레임을 통해 보는 테이블마운틴

은 도시의 매력을 더한다. 여행자의 시선으로, 케이프타운의 사람과 자연과 역사로 이루어진 장소성을 고스란히 볼 수 있다.

빈곤의 재생산이 이루어지는 타운십

케이프타운의 화려한 도심에서 조금만 벗어나면 저소득층 밀집지구인 타운십이 존재한다. 타운십은 남아공 백인 정권이 추진한 인종차별 정책 아파르트헤이트의 결과로 만들어진 도시 주택지구이다. 백인들은 홈랜드 정책과 거주지역 지정법을 통해 흑인들의 도시 거주 공간을 빼앗았다. 고향 땅으로 보낸다는 명분으로 흑인들을 도시 외곽 지역으로 강제 이주시킨 것이다. 기존의 흑인 거주지역은 디스트릭트식스에서 했던 것처럼 강제 철거를 하고, 특정 지역에 거주지를 정하여 살게 함으로써 흑인들을 백인들로부터 분리시켰다. 타운십의 흑인 거주지역은 담이나 철조망, 철도, 고속도로 등을 두어 백인 거주지역과 철저히 격리하였다.

타운십 경관의 특징은 낮은 건물, 동일한 가옥구조, 전봇대, 쓰레기, 철망, 좁은 도로 등이다. 한눈에 보아도 도심의 고층건물 지역이나 테이블마운틴 산사면에 거주하는 백인 거주지역과는 판이하게 다르다. 낙후되고 남루하고 격리되어 있는 공간임을 쉽게 확인할 수 있다. 주인공을 추적하는 영화 속 장면에서 보이는 양철 지붕, 벽돌 담, 좁은 도로, 가로등 등은 삶의 장소로서의 타운십을 잘 드러내고 있다. 또한 이곳에도 세계의 가난한 동네에서 공통적으로 나타나는 빨랫줄과 여기에 널어놓은 빨래의 모습이 빠지지 않는다.

영화는 케이프타운의 대표적인 타운십이 랑가임을 여러 장면들을 통하여 암시한다. 맷 웨스턴이 애인을 요하네스버그로 보내는 장면에서 들리는 열차 안내 방송('랑가 역으로 가는 열차가 5분 후에 출발합니다')과, 도심 추격전 장면에서 나오는 'Langa M7' 표지판은 그곳이 랑가 타운십임을 보여 준다. 랑가는 M7과 2번 도로가 만나는 지점에, 그리고 백인 거주지역인 테이블마운틴으로부터 상대적으로 멀리 떨어진 지점에 자리 잡고 있다. 물론 케이프타운에는 구굴레투와 카엘리챠 등 다양한 타운십이 있다.

타운십의 대명사는 가난이다. 이곳에는 오랜 차별로 인하여 정규교육을 제대로 받지 못하고 변변한 일자리를 갖지 못한 사람들이 태반이다. 1994년 만델라 대통령이 당선되면서 아파르트헤이트가 폐지되었지만, 여전히 구조적 악과 빈부의 차이는 남아공을 실질적으로 괴롭히고 있다. 백인들이 만든 오랜 시간 동안의 인종차별과 흑인과의 경제적 격차는 남아공에서 거주지 통합을 어렵게 만들었다. 국가가 거주지에 그은 선은 없어졌지만, 경제적 차이와 마음의 편견이 그은 선은 더 굵게 파여 있다. 이곳에서는 되물림되는 가난으로, 그리고 구조적인 모순으로 계층의 계급화가 지속되고 있다.

케이프타운의 아름다운 자연환경과 부자 거주지역 그리고 인근의 전원도시 등과 비교하면 타운십은 궁색한 삶의 장소이다. 케이프타운은 가난한 삶을 상품화하여 세인들의 관광거리로 만들었다. 타자의 삶을 사는 사람들의 시선이 아닌, 객의 눈으로 즐기는 것은 불공정 여행이다. 타운십의 관광화는 관조적 훔쳐보기 문화의 반영이자 사디즘적

투어이다. 여기에는 가난한 자의 삶을 희극화하여 눈요기로 즐기려는 욕망이 잠재해 있다.

다양한 인종과 계층이 더불어 사는 도시

'누구도 어디도 안전하지 않다'고 영화는 말한다. 그러나 케이프타운의 주민은 안전하지 않은 곳에서 행복을 찾는다. 부자이든 가난한 자이든, 백인이든 흑인이든 상관없이 그들은 이미 안전한 가옥에서 살고 있다. 타운십의 가난한 집도 그곳에서 살고 있는 사람들에게는 안전한 가옥이다. 그 안에 가족이 있고, 가족 구성원들이 엮어 내는 삶이 있다. 영화에서 '모든 것이 모든 것을 배신'하고, 푸시킨이 "마음은 미래에 사는 것, 현재는 슬픈 것"이라고 했을지라도, 지금 여기에서 펼쳐지는 삶이 주는 행복이 있기에 이곳은 안전한 가옥이다. 나도 여기서 가난한 사람들의 행복을 엿보고 싶다.

사진 7-6 남아공의 피노타지 포도주

영화 마지막 부분에서 토빈 프로스트가 맷 웨스턴에게 이런 말을 한다. "이 냄새 아나? 피노타지 향이야. 이곳에서 나는 좋은 와인이지." 남아공에서 생산되는 유명한 포도주 피노다지(pinotage)는 1925년에 피노누아르(Pinot Noir)와 생소(Cinsault)를

이종 교배하여 개발한 품종이다. 사진 7-6

　남아공 케이프타운에는 거주지 분리와 인종차별, 그리고 경제적 양극화가 심하게 나타나고 있다. 이곳 도시는 인종, 문화, 종교, 생활 등의 다름이나 차이를 인정하기보다는 이들로 인한 차별에 더 익숙하다. 서로 다른 종을 교배하여 새로운 종의 포도주를 탄생시켰듯이, 케이프타운이 서로 다름을 인정하고 인종적·경제적·문화적 차별을 극복하여 더불어 사는 도시가 되길 기대해 본다. 다양한 인종과 계층이 어울려서 살아가는 것이 남아공이 지향하는 '무지개의 나라'로 가는 지름길이다.

| 참고문헌 |

김미정, 2006, 『미노의 컬러풀 아프리카 233⁺¹』, 즐거운상상.

김승옥, 2009, 『무진기행』, 범우사.

내셔널지오그래픽(서영조 역), 2010, 『세계여행사전 1: 일생에 한 번은 가고 싶은 여행지』, 터치아트.

내셔널지오그래픽(김명하 외 역), 2011, 『세계여행사전 2: 일생에 한 번은 맛보고 싶은 음식 여행』, 터치아트.

디 리식(이은주 역), 2005, 『남아프리카공화국』, 휘슬러.

르몽드 디플로마티크(이주영·최서연 역), 2010, 『르몽드 세계사 2』, 휴머니스트.

리처드 J. 리드(이석호 역), 2013, 『현대 아프리카의 역사』, 삼천리.

박영진, 2010, 『SMILE 남아공』, 혜지원.

베벌리 나이두(이경상 역), 2007, 『남아프리카공화국 이야기』, 생각과 느낌.

스탠리 브룬 외(한국도시지리학회 역), 2013, 『세계의 도시』, 푸른길.

알렉상드르 푸생·소냐 푸생(백선희 역), 2009, 『아프리카 트렉』, 푸르메.

요한 볼프강 폰 괴테(박영구 역), 1998, 『괴테의 이탈리아 기행』, 푸른숲.

이경한, 2016, 「안전하지 않은 곳에서 안전을 찾는 도시, 케이프타운」, 『국토』 제420호, 국토연구원, 66-71.

이기중, 2010, 『남아공 무지개 나라를 가다』, 즐거운상상.

장서우밍·가오팡잉(김태성 역), 2008, 『세계 지리 오디세이』, 일빛.

장용규, 2010, 『무지개 나라를 꿈꾸는 남아프리카공화국 이야기』, 아이세움.

재레드 다이아몬드(김진준 역), 1998, 『총, 균, 쇠』, 문학사상사.

조현경, 2007, 『남아공에는 왜 갔어?』, 사군자.

진윤석·노매드 미디어 & 트래블, 2010, 『남아공 내비게이션』, 그리고책.

할레드 호세이니(왕은철 역), 2007, 『천 개의 찬란한 태양』, 현대문학.

Les Rowntree 외(안재섭 외 역), 2012, 『세계지리: 세계화와 다양성』, 시그마프레스.

Paul R. Bierman, David R. Montgomery(윤순옥 외 역), 2016, 『핵심 지형학』, 시그마

프레스.

R. A. 스켈톤(안재학 역), 1995, 『탐험지도의 역사』, 새날.

City of Cape Town, 2016, 『Cape Town: official visitors' guide 2016』, Cape Town
tourism.

http://www.sanbi.org/gardens/kirstenbosch/history/decades-kirstenbosch